TRAITÉ PRATIQUE

DE

PHOTOGRAPHIE DES COULEURS

— SYSTÈME D'HÉLIOCHROMIE LOUIS DUCOS DU HAURON —

PAR

MM. A. & L. DUCOS DU HAURON, FRÈRES

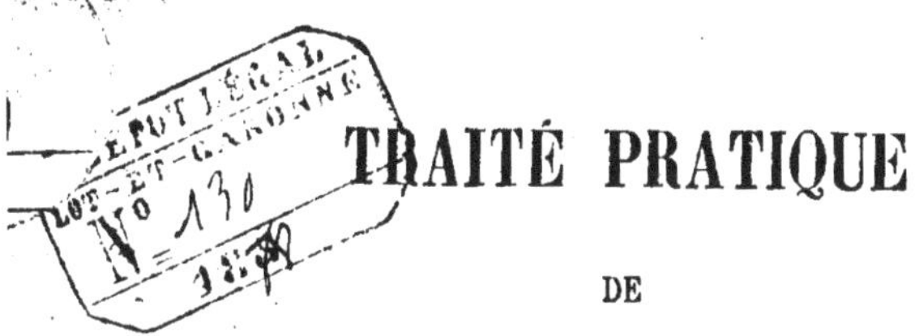

DESCRIPTION DÉTAILLÉE

DES MOYENS PERFECTIONNÉS D'EXÉCUTION

RÉCEMMENT DÉCOUVERTS

Droits de Reproduction et de Traduction réservés

PARIS

LIBRAIRIE GAUTHIER-VILLARS

Quai des Augustins, 55

—

1878

TRAITÉ PRATIQUE

DE

PHOTOGRAPHIE DES COULEURS

AGEN. TYPOGRAPHIE FERNAND LAMY

TRAITÉ PRATIQUE

DE

PHOTOGRAPHIE DES COULEURS

— SYSTÈME D'HÉLIOCHROMIE LOUIS DUCOS DU HAURON —

PAR

MM. A. & L. DUCOS DU HAURON, FRÈRES

DESCRIPTION DÉTAILLÉE

DES MOYENS PERFECTIONNÉS D'EXÉCUTION

RÉCEMMENT DÉCOUVERTS

Droits de Reproduction et de Traduction réservés

PARIS

LIBRAIRIE GAUTHIER-VILLARS

Quai des Augustins, 55

1878

AVANT-PROPOS

Ce livre, qui intéresse à la fois la Science, les Beaux-Arts et l'Industrie, est avant tout une œuvre loyale. Trop souvent, dans des ouvrages didactiques, traités ou conférences, cours ou manuels, dont le titre semble promettre au lecteur une sérieuse initiation, la promesse n'est pas tenue. C'est ce qui a lieu surtout quand il s'agit, comme ici, d'un art absolument nouveau. À chaque page, on devine que l'auteur hésite entre le devoir de satisfaire la très-légitime attente du lecteur et la crainte de trop parler, en d'autres termes, de révéler des *secrets d'atelier*. Il tient à ces secrets, parce qu'en effet ils sont précieux ou qu'il les juge tels. Mais alors pourquoi faire un livre et pourquoi tromper son lecteur ? Une porte doit être ouverte ou fermée.

Ici, rien de semblable. L'importance même, la grandeur de l'Invention dont nous voulons mettre en pleine lumière les détails d'exécution pratique, nous interdisaient — on excusera cette locution familière — de mesquines *cachotteries*. Donc, à côté des grandes lignes d'une description qui va contenir, en premier lieu, les généralités du Système, on trouvera dans ce traité, nous en prenons l'engagement, tout le détail, même le plus minutieux, des opérations et des *tours de main spéciaux*.

Sans autre guide que les pages ci-après, tout photographe judicieux et homme de goût, quelque peu versé dans la photographie dite *au Charbon*, pourra aborder l'Héliochromie avec toutes chances de succès presque immédiat.

En effet, soit pour nos *négatifs héliochromiques*, soit pour nos *tirages positifs en couleur*, les méthodes, complètement neuves et jusqu'à ce jour inédites, qui vont être exposées, ont depuis moins d'un an réalisé de tels progrès dans la mise en pratique du Système, que la Photographie des Couleurs, comme sûreté et facilité des opérations, devient comparable à la photographie ordinaire.

La découverte de ces méthodes a reçu la consécration de deux brevets français de date récente (2 juin et 24 juillet 1877) qui, réunis à notre brevet ancien (23 novembre 1868), relatif à l'ensemble de l'Invention, font songer involontairement à une citadelle à triple enceinte, dont les approches seraient peu rassurantes et en tout cas peu agréables; et peut-être sera-t-on porté à nous demander comment nous concilions cette garde jalouse de nos droits d'inventeur, ce parti-pris de monopoles avec la volonté que nous annonçons de publier ici jusqu'aux moindres secrets de fabrication.

Notre réponse est bien simple.

Les droits que nous avons à sauvegarder sont de deux sortes : propriété scientifique, propriété industrielle.

L'intérêt bien compris de l'une et de l'autre réclame une publication sincère et complète des moyens de mise en pratique.

Sous le rapport de la propriété scientifique, l'intérêt est manifeste. Si nous voulons que la découverte prenne rang

— et telle est en effet notre prétention — parmi les découvertes importantes de ce siècle, c'est le moins que nous mettions le monde savant en situation de contrôler tous les résultats dont nous nous prévalons, et de se bien assurer qu'ils ne sont dus à aucune supercherie.

En ce qui concerne la propriété industrielle, l'intérêt n'est guère moins évident. Pour quelques rares praticiens subalternes qui céderaient à la tentation d'*exploiter* frauduleusement notre Système, n'est-il pas certain que tout atelier qui se respecte et qui a un nom, n'ira pas, sans s'être concerté avec l'inventeur ou ses cessionnaires, fonder une entreprise désignée d'avance, par son originalité même, par la nature spéciale des résultats et des moyens, à l'attention de tout le public et par conséquent à la nôtre ? La crainte de contrefaçons faciles à découvrir et à réprimer doit-elle empêcher de grouper autour de soi, à la faveur de licences ou autres contrats tout aussi respectables, les vrais et loyaux représentants de la Photographie désireux d'entrer dans cette nouvelle voie? Or, comment les grouper de la sorte, si, dans ses détails d'exécution, l'Héliochromie, faute de leçons écrites, restait à l'état de science occulte, de philosophie hermétique, c'est-à-dire si l'inventeur en était réduit à former à huis clos et un à un, pour une nature de travaux évidemment complexe, tous les disciples d'un art dont l'enseignement se résumerait dans lui seul?

Une description très-explicite de nos procédés actuels était donc impérieusement commandée : nous la faisons sans restrictions ni réticences.

Enfin, il nous eût coûté beaucoup, nous en faisons l'aveu, de résister aux demandes d'explications qui nous sont journellement adressées par une classe de confrères digne de toutes nos sympathies, celle des *amateurs-photographes.*

Comme ils ne font pas de cet art un article de commerce, mais un objet d'agrément et d'honorable émulation, ce n'est pas contre eux que nous pourrions songer à invoquer la propriété industrielle attachée à nos brevets. Non-seulement nous ne le voudrions pas et n'en aurions d'ailleurs pas le droit, mais nous avons tout intérêt à favoriser ce libre concours qui peut assurer d'importants progrès et de nouvelles conquêtes.

Les priviléges, les monopoles industriels que confèrent les brevets, sont malheureusement en France le seul moyen — quand il réussit — laissé aux inventeurs de tirer parti de leurs découvertes, voire même de se rédimer simplement des sacrifices d'argent, la plupart du temps bien douloureux, qu'elles ont exigés. Ce moyen unique, nous avons dû l'accepter, tant pour nous que pour le petit nombre d'amis vraiment dévoués qui ont bien voulu nous seconder efficacement et jusqu'au bout.

CHAPITRE PREMIER.

I. — Le Problème de la Photographie des Couleurs, tel
que nous l'avons posé[1], ne consiste pas à soumettre à
l'action lumineuse une surface préparée de manière à
s'approprier et à garder en chaque point la coloration des
rayons qui la frappent. Ce que nous voulons, c'est que le Soleil
se serve judicieusement d'une palette invariable : seul chargé
du triage et du mélange des couleurs qu'elle lui fournit, c'est
à lui d'en obtenir, copiste incomparable, la plus savante et la
plus authentique des représentations de la nature.

Le Problème étant défini en ces termes, une observation,
que nous avons contrôlée par de nombreuses expériences,

---

[1] Mon frère est l'inventeur du Système, et parmi toutes les conceptions
de détail qui ont permis de le réaliser, je n'en pourrais revendiquer qu'un
bien petit nombre : presque toutes lui appartiennent. Bien que la rédaction
de ce traité soit en grande partie mon œuvre personnelle, c'est donc lui seul
qui parle et qui a le droit de parler au lecteur. Je ne veux être que son
interprète, et c'est à ce titre presque exclusif que je consignerai dans cet
ouvrage les résultats de douze années de conversations quotidiennes avec lui
sur ce qui a fait l'objet de ses découvertes et de ma collaboration. — A. D.

nous a servi de point de départ pour le résoudre. Cette observation est celle-ci :

A la différence des couleurs du spectre, dont l'échelle, formée de nuances innombrables, nous permet de distinguer et de nommer sept nuances principales, les substances colorantes qui servent à les traduire se réduisent à trois : le *rouge*, le *bleu*, le *jaune*.

Cette triplicité des couleurs a été, de longue date, expérimentalement, mais confusément reconnue ; elle se fût vérifiée jusqu'à l'évidence, elle serait dès longtemps passée à l'état d'axiome si, au lieu d'accomplir le mélange au pinceau, le mélange *moléculaire* de ces couleurs, opération qui amène du trouble, du désordre dans les résultats, les peintres avaient été conduits, comme nous l'avons été, à en accomplir le mélange *optique* ou par glacis, le seul qui soit parfait. Ils auraient affirmé ce qu'ils ont énoncé timidement, à savoir que trois pigments, le rouge, le bleu, le jaune, mélangés en diverses proportions, produisent toutes les nuances. En d'autres termes, si l'on applique l'une contre l'autre et sur un fond blanc trois lames transparentes ou pellicules, colorées l'une en rouge, l'autre en bleu, la troisième en jaune, sur chacune desquelles la matière colorante aura été répartie en épaisseurs variables, la superposition de ces trois couches colorées, l'adaptation intime et mécanique de l'une à l'autre fait naître l'infinie variété des teintes, y compris toute la gradation du noir au blanc.

Ce point de départ ainsi fixé, voici à l'aide de quel raisonnement nous sommes arrivé à notre Système d'Héliochromie :

S'il est vrai que trois couleurs produisent par le mélange qui résulte de leur superposition toutes les couleurs, il s'ensuit que, par contre, un tableau quelconque, c'est-à-dire une surface faite de l'assemblage de toutes les couleurs ou de l'assemblage d'un nombre plus ou moins grand de couleurs, peut, par la pensée, se décomposer en trois tableaux, l'un rouge, l'autre bleu, le troisième jaune, dont la superposition et l'incorporation reconstituent ce même tableau. Cette analyse et cette synthèse, que la pensée accomplit si aisément, est-il, oui ou non, au pouvoir de la photographie de les produire en réalité? Si elle a ce pouvoir, le Problème de la Photographie des Couleurs est résolu.

Interrogée de la sorte et forcée de s'expliquer, la nature a fait une réponse affirmative. Nos trois tableaux, l'un rouge, l'autre bleu, l'autre jaune, sont passés du domaine de la spéculation théorique dans celui de la réalité palpable. La photographie nous les a livrés et nous n'avons eu qu'à en accomplir, par un tour de main, la superposition, l'unification pour voir naitre aussitôt la copie par excellence, la représentation polychrome et intégrale du modèle.

Pour atteindre ces résultats, la difficulté ne consistait pas, on le devine, à imprimer en rouge, en bleu ou en jaune l'œuvre de la lumière, en un mot à *tirer* des images positives de l'une quelconque de ces trois couleurs. Depuis longtemps, en effet, grâce surtout aux découvertes de M. Poitevin, *les tirages photographiques en couleur* donnent, par l'intermédiaire de clichés, des monochromes de toute nuance, au gré des opérateurs. Mais disposer et agencer les choses de telle sorte que sur chacun de nos trois monochromes et au préalable sur chacun des trois clichés qui doivent les fournir, le Soleil distribue, avec la différence caractéristique de répartition qu'il doit y avoir entr'eux, la matière noire de ceux-ci, la préparation colorée de ceux-là, c'était tout le nœud de la question. Nous nous en sommes rendu maître par une combinaison d'optique dont l'énoncé semble de prime abord paradoxal. Voici en effet de quelle manière nous procédons :

Nous obtenons séparément à la chambre noire trois empreintes, trois clichés d'un même sujet fournis par trois lumières différentes : la lumière verte, la lumière orangée et la lumière violette ; nous faisons venir le monochrome *rouge* sous le cliché que nous a donné la *lumière verte*, le monochrome *bleu* sous le cliché de la *lumière orangée*, le monochrome *jaune* sous le cliché de la *lumière violette*. Pourquoi ces trois lumières et pourquoi cette interversion, ce chassé-croisé de couleurs ?

En voici l'explication, du moins l'explication sommaire, car il y a là tout un vaste champ d'exploration pour la science :

Chacun de ces trois monochromes étant constitué par une préparation douée de transparence et susceptible d'être fixée par la lumière et proportionnellement à cette action, chacun d'eux, par l'effet de l'interversion de couleurs qui vient d'être spécifiée, donnera nécessairement, soit comme gradation des clairs et des ombres, soit comme répartition de la couleur spéciale des objets, l'image voulue.

Et d'abord, comme gradation des clairs et des ombres, abstraction faite de la couleur spéciale des objets à représenter, chacun des trois monochromes sera évidemment exact. Chacun d'eux en effet, étant fourni par un cliché négatif [1] qui traduit les noirs du modèle par du blanc et les blancs du modèle par du noir, traduira à son tour les noirs du modèle par la préparation rouge, bleue ou jaune propre à ce monochrome, et ce rouge ou ce bleu ou ce jaune sera d'autant plus intense que le noir du modèle sera plus noir ; et réciproquement, chacun d'eux traduira les blancs du modèle par l'absence de matière colorante, cette matière colorante étant éliminée sous les noirs du négatif et d'autant plus éliminée que le blanc du modèle sera plus blanc.

En second lieu, comme répartition de la couleur spéciale

---

[1] Nous supposons ici l'emploi de *négatifs*, ce qui est le cas le plus ordinaire. On serait conduit à faire usage de clichés *positifs*, s'ils étaient commandés par la préparation employée pour produire les monochromes, ce qui a lieu, notamment, pour *le perchlorure de fer* employé à la place des bichromates. Il y a similitude de raisonnement dans les deux cas.

aux objets qu'il s'agit de représenter, chacun des trois
monochromes sera non moins exact, et c'est cette répartition qui engendrera, d'un monochrome à l'autre, les différences qu'ils doivent offrir et qui ne naîtraient pas de la
simple traduction des clairs et des ombres. Prenons pour
exemple le monochrome *rouge*, fourni par le négatif qui est
dû à la lumière *verte*. Comme le verre ou milieu transparent
de couleur verte qui filtre cette lumière laisse passer
presque exclusivement les rayons verts et qu'il intercepte
d'autant plus les autres rayons que leur tonalité se rapproche
davantage du rouge, et comme, d'autre part, les objets de
la nature qui émettent abondamment les rayons verts sont
les objets jaunes, les verts et les bleus, il en résulte : —
Que le négatif en question traduira par du noir les surfaces
jaunes, les vertes et les bleues ; que la préparation rouge du
monochrome fourni par ce négatif traduira les rouges du
modèle par du rouge, et par un rouge d'autant plus intense
que le rouge du modèle sera plus prononcé ; qu'enfin cette
même préparation rouge sera éliminée sous les noirs du
négatif, c'est-à-dire dans les parties du susdit monochrome
qui correspondent aux surfaces jaunes, aux vertes et aux
bleues, et que cette élimination sera d'autant plus forte que
ce jaune, ce vert et ce bleu seront plus prononcés. Un
raisonnement analogue s'applique à chacun des deux autres
monochromes ; ils contiendront l'un et l'autre une fidèle
répartition de la couleur spéciale, soit simple, soit mélangée,
qu'ils sont tenus de représenter[1]

La superposition des trois monochromes, adaptés mécaniquement l'un à l'autre et placés sur un fond blanc, produit
la synthèse, l'image polychrome voulue. Il arrivera en effet
que, sur ce fond blanc, les couleurs transparentes des trois

---

[1] Le tamisage de la lumière opéré par chacun des trois verres colorés,
ou milieux analyseurs, sera l'objet d'une étude particulière, Chap. III, sous
ce titre : *Nuances des trois verres analyseurs.*

monochromes. en se mélangeant deux à deux en diverses proportions, produiront les couleurs binaires, c'est-à-dire les orangés, les verts et les violets, et, en se mélangeant toutes les trois en diverses proportions, s'éteindront partiellement ou totalement, et feront naître les ombres, c'est-à-dire les gris, les couleurs foncées, les bruns et le noir, tandis que le blanc naîtra de la simple absence de matière colorante sur chacun des trois monochromes [1].

[1] Pour le théoricien qui désire approfondir les choses, voici l'explication scientifique du Système, telle que je la propose. Elle est en parfaite concordance avec les données récentes que la Science possède sur la constitution du spectre solaire et sur la composition de la lumière transmise ou réfléchie par les corps diversement colorés :

La théorie des trois couleurs simples : le *rouge*, le *jaune*, le *bleu*, est généralement abandonnée. Elle ne conserve de valeur que comme fiction utile dans l'art de mélanger les substances colorantes, ou *pigments*.

A la vérité, ces trois couleurs existent à l'état de couleurs simples dans le spectre, qui est constitué, comme on le sait, par une succession de couleurs simples se dégradant, en nombre infini, les unes dans les autres et parmi lesquelles l'œil distingue sept nuances principales. Mais, pour ce qui est des couleurs transmises ou réfléchies par les objets de la nature, bien loin d'être simples, elles sont généralement très-composées, malgré l'unité de sensation qu'elles peuvent nous faire éprouver.

Non-seulement le rouge, le jaune et le bleu émis par les objets de la nature ne sont pas des couleurs simples, mais ils offrent, au degré le plus remarquable, la particularité d'être très-composés.

En veut-on la preuve ? Examinons, par exemple, un objet d'un rouge franc ou rouge carmin. Si nous interposons successivement entre cet objet et notre œil des verres ou milieux transparents de différentes couleurs, ou mieux encore si nous analysons sa couleur par le spectroscope, nous constaterons que cet objet émet en abondance non-seulement le rouge, mais encore beaucoup de rayons orangés et violets. De même, si nous étudions par les mêmes procédés d'analyse un objet jaune, nous constaterons qu'il émet abondamment, en sus du jaune, le rouge, l'orangé et le vert, c'est-à-dire toute une vaste portion de spectre. De même enfin, un objet d'un bleu franc (bleu de Prusse), analysé à son tour, émet en abondance non-seulement le bleu, mais le vert, l'indigo et le violet.

Néanmoins l'action simultanée de tous ces rayons sur notre œil se résout

Les procédés connus de *tirage photographique en couleur*
dont nous avons parlé comme applicables aux trois monochromes, ne sont autres que les procédés aux gélatines
bichromatées colorées et toutes les méthodes similaires ou
dérivées, telles que la photoglyptie (procédé Woodbury), les
impressions aux encres grasses, la photolithographie, les
émaux photographiques, etc. ; il y a en outre les tirages
fondés sur l'emploi du *perchlorure de fer* au lieu des *bichro-*

en une sensation unique, celle d'un beau rouge, ou d'un beau jaune, ou
d'un beau bleu.

Or, on le voit, dans chacun de ces trois groupes de rayons il en existe
qui appartiennent à l'un ou l'autre des deux autres groupes : ainsi l'orangé
est commun au groupe que comprend le rouge et au groupe que comprend le
jaune ; le violet, au groupe que comprend le rouge et au groupe que comprend le bleu ; le vert, au groupe que comprend le jaune et au groupe que
comprend le bleu.

C'est à ces vastes portions *empiétantes* de chacun de ces trois groupes :
rouge, jaune, bleu, que les pigments de ces trois couleurs doivent en réalité
leur propriété, reconnue de tout temps, de former par leurs mélanges (ou
par leurs superpositions s'ils sont de nature transparente) de riches couleurs
intermédiaires : orangé, violet, vert.

En effet, si, par exemple, on regarde un fond blanc (réunion de toutes les
couleurs) à travers un verre ou milieu transparent jaune en avant duquel on
aura placé un milieu transparent bleu, les rayons rouges, orangés et jaunes
qui auront traversé le milieu jaune seront interceptés par le milieu bleu,
mais non les rayons verts, puisque les rayons verts appartiennent au groupe
de rayons que le verre bleu laisse passer ; quant aux rayons bleus, indigos
et violets que le verre bleu a la propriété de laisser passer, ils ont été interceptés par le verre jaune : en conséquence, le vert seul passera à travers
ce double milieu, et il en sera évidemment de même si l'on intervertit l'ordre
des deux milieux transparents dont l'un est bleu, l'autre jaune. — Ce vert
sera très-brillant, par la raison que les rayons verts abondent dans chacun
des deux groupes que laissent passer les milieux en question.

C'est de la même sorte que, moyennant deux milieux transparents superposés, l'un rouge carmin, l'autre bleu, on produira un violet éclatant, et que,
moyennant la superposition d'un milieu rouge carmin et d'un milieu jaune,
on produira une belle nuance orangée.

Dans la superposition, par glacis et deux à deux, des trois pigments rouge, *mates*, etc. Les trois monochromes peuvent encore s'obtenir *chimiquement*, par exemple au moyen de trois sortes de virages opérés sur trois épreuves aux sels d'argent.

Nous nous sommes servi très intentionnellement des expressions *lumière verte, lumière orangée, lumière violette*, substituées à la désignation, dont nous faisions usage à l'origine, des trois sortes de verres de couleur par l'intermédiaire desquels, jusqu'à présent, nous avons filtré ces trois lumières. C'est qu'en effet l'emploi de trois milieux colorés, de trois verres par exemple, n'a rien d'absolu, rien qui doive forcément entrer dans les définitions du Système, et l'on conçoit que, par l'effet de certaines préparations exclusivement sensibles à tel ou tel rayon du spectre, la surface impressionnée puisse, sans le secours d'aucun milieu

jaune, bleu (et souvent même par leur mélange moléculaire), on obtiendra, en vertu des mêmes lois, de riches nuances orangées, violettes et vertes.

Si, au lieu de superposer deux à deux les milieux colorés ci-dessus, on superposait deux à deux les milieux offrant les couleurs intermédiaires, c'est-à-dire l'orangé et le violet, le violet et le vert, le vert et l'orangé, on aurait, à la vérité, dans le premier cas, du rouge (le rouge appartenant au groupe de l'orangé ainsi qu'au groupe du violet) ; dans le second cas, du bleu (le bleu appartenant au groupe du vert ainsi qu'au groupe du violet) ; dans le troisième cas, du jaune (le jaune appartenant au groupe de l'orangé ainsi qu'au groupe du vert) ; mais les trois couleurs ainsi obtenues, au lieu d'être éclatantes, seraient sombres, souvent même presque noires, parce que c'est en faible quantité que le rouge est contenu dans le milieu orangé et dans le milieu violet, le bleu dans le milieu vert et dans le milieu violet, le jaune dans le milieu orangé et dans le milieu vert. Par cette même raison, le mélange, ou la superposition par glacis, deux à deux, des trois pigments violet, vert, orangé, ne donne qu'une nature sombre de rouges, de bleus, de jaunes.

Ainsi, tandis que la superposition, deux à deux, des trois couleurs cardinales rouge, bleu, jaune, fait naître, dans tout leur éclat et toute leur richesse, les couleurs intermédiaires, orangé, violet, vert, la superposition. deux à deux, de ces dernières ne produit qu'un rouge, qu'un bleu et qu'un jaune assombris.

Il suit de là que, pour la représentation polychrome de la nature, les trois coloré interceptant les autres rayons, recevoir les mêmes empreintes qu'elle recevrait avec l'interposition ou d'un verre de couleur verte, ou d'un verre orangé, ou d'un verre violet. Cette possibilité s'est changée en certitude, dans l'état actuel des constatations, pour celle des trois surfaces sensibles qui correspond au verre violet ; la plupart des préparations photographiques qu'elle admet, donnent les mêmes empreintes soit que l'on maintienne soit que l'on supprime ce verre, les mêmes rayons exerçant leur action dans les deux cas à l'exclusion de tous les autres rayons.

En résumé, la chromo-photographie, telle que nous l'avons imaginée et que nous la proposons, peut se définir : L'art de traduire séparément par trois images, l'une rouge, l'autre

---

monochromes, ou images positives transparentes à superposer sur un fond blanc, devaient être constitués par les trois couleurs dont la superposition produit des nuances si riches et si éclatantes, et qu'au contraire chacun des *trois milieux analyseurs* devait être constitué par la couleur complémentaire de chaque monochrome. Peu importait que ces couleurs complémentaires, superposées deux à deux, ne produisissent pas des teintes brillantes, puisque ce ne sont pas les milieux analyseurs qu'on superpose, mais bien les monochromes. En outre, le peu d'étendue du groupe de rayons qui composent la nuance de chacun de ces trois milieux analyseurs est favorable à la représentation de la couleur spéciale qu'ils ont pour fonction d'intercepter : plus ce groupe est restreint, plus on isole par cela même cet autre groupe qui doit, sur le négatif, se traduire par du blanc, et, sur le monochrome, par la couleur cardinale qui le constitue.

La conclusion de cette étude comparée des couleurs cardinales et de leurs couleurs complémentaires, est que le rouge doit être distribué par la lumière verte, le jaune par la lumière violette, le bleu par la lumière orangée, et non pas le vert par la lumière rouge, le violet par la lumière jaune, l'orangé par la lumière bleue.

Chacun des trois négatifs pourrait être formé par l'action de rayons n'occupant dans le spectre qu'une étendue extrêmement restreinte ; c'est ce qui a lieu lorsqu'on associe aux préparations une substance qui agit par une raie spécifique très-mince. L'essentiel, pour la précision du résultat, c'est que la raie spécifique, si elle se réduit à une *seule raie* pour une préparation donnée, occupe la position centrale de la région soit orangée, soit verte, soit violette du spectre. — L. D.

bleue, l'autre jaune, l'image de la chambre noire, au moyen d'une décomposition de la lumière en trois lumières dont chacune offre la couleur complémentaire de celle de l'image dont elle procurera les empreintes, et de confondre ensuite ces trois peintures monochromes en une seule peinture, qui n'est autre que la représentation polychrome et complète du modèle. Cette décomposition, ce tamisage de la lumière est *physique* ou *chimique* : *physique*, lorsqu'on l'obtient par l'emploi de milieux colorés (verres de couleur, y compris le prisme, etc.); *chimique*, si l'on parvient à le produire au moyen de préparations photographiques uniquement impressionnables aux couleurs de telle ou telle région du spectre, à l'exclusion des autres couleurs.

Quant à définir, pour les praticiens, la suite des opérations, on peut dire qu'elles consistent : 1° à produire à la chambre noire trois clichés (ordinairement trois négatifs) d'un même sujet, l'un par la lumière verte, le second par la lumière orangée, le troisième par la lumière violette; 2° à obtenir photographiquement une image positive rouge en faisant usage du premier cliché, une image positive bleue en faisant usage du second, et une image positive jaune en faisant usage du troisième; 3° à superposer l'une à l'autre ces trois images, douées de transparence, et à les confondre mécaniquement en une seule.

II. — Nous affirmons que ce système est la *solution à la fois scientifique, artistique et industrielle du Problème de la Photographie des Couleurs* :

1° *Scientifique* : — Il est certain que si une palette de trois couleurs, *toujours les mêmes*, reproduit avec une égale fidélité tous les sujets en couleur quels qu'ils soient, on ne saurait qualifier *d'arbitraire* le choix de ces trois couleurs. Que ce choix résulte des données rigoureuses de la science ou qu'il résulte du simple tâtonnement, peu importe:

dans les deux cas il se justifie par des résultats où l'on doit voir l'éclatante manifestation d'une loi de l'optique, et d'une loi de premier ordre.

Si toutefois, en présence même de ces résultats, qu'il est impossible de méconnaître, on persistait dans cette qualification d'arbitraire donnée au choix de nos trois couleurs, nous répondrions :

Les trois couleurs de la palette confiée par nous au Soleil sont si peu arbitraires, qu'elles constituent autant de types imprimés dans le cerveau et dans le langage de tous les hommes : depuis les nations civilisées jusqu'aux peuplades les plus sauvages, qu'on interroge le genre humain, nous mettons au défi d'y trouver, sinon parmi les aveugles, un seul homme qui ne connaisse et n'appelle par leurs noms le rouge, le bleu et le jaune.

Il y a trois autres types, le *do*, le *mi* et le *sol*, imprimés dans le cerveau et dans le langage des hommes de tous les siècles et de toutes les contrées. Néanmoins on rencontrerait d'assez nombreuses exceptions. Pour ce qui est des trois couleurs cardinales, les aveugles-nés sont les seuls à les ignorer.

Or, qui oserait soutenir que le do, le mi et le sol sont des notes arbitraires, correspondant à un nombre de vibrations ou d'ondes sonores où la Science n'a rien à voir ?

Sans doute ce sont des notes arbitraires, en ce sens que ces trois notes, de même que les autres notes de la gamme, peuvent être *fausses*, ce qui suppose un instrument mal accordé.

De même le rouge, le bleu, le jaune que nous proposons, seraient sujets à critique s'ils n'étaient pas le vrai rouge, le vrai bleu, le vrai jaune, en d'autres termes si l'instrument héliochromique était mal accordé ; mais pas plus que la Musique, la Photographie des Couleurs ne cesse d'exister par la possibilité de cette nature d'accident.

L'oreille, pour l'une; l'œil, pour l'autre, voilà le criterium, le seul moyen de contrôle qui soit, jusqu'à ce jour, à la portée de la Science elle-même.

Toute la question se réduit donc à savoir si les nuances ou types de rouge, de bleu, de jaune que nous avons choisis sont bien les types exacts. Nous répondrons :

Ils sont exacts, autant que le témoignage de nos sens, s'exerçant sur les spécimens multiples fournis par douze années d'expériences et d'études, peut le certifier. Le type *carmin*, pour ce qui est du rouge, le type *bleu de Prusse*, pour ce qui est du bleu, le type *jaune d'or*, pour ce qui est du jaune, employés tous les trois à une variété considérable de sujets, nous ont sensiblement donné, en toute occasion, les nuances désirées, tandis que les modifications, même légères, par nous introduites, à titre d'essai, dans l'une ou l'autre de ces trois nuances, ont constamment altéré les reproductions polychromes qu'il s'agissait d'obtenir[1].

Loin de nous, néanmoins, la présomption d'avoir fait un choix infaillible ; mais ce qui est certain, c'est que les trois types adoptés s'éloignent bien peu, si tant est qu'ils s'en éloignent, des trois types véritables, et qu'ils suffisent en tout cas aux exigences d'une représentation très-rapprochée du modèle.

S'il fallait attendre, pour se mettre à l'œuvre, que ces trois types eussent été consacrés par les démonstrations de

---

[1] Au Chapitre XII de son traité de Photographie au Charbon, et sous le titre de Photochromie, M. Léon Vidal, s'élevant contre notre prétention d'avoir résolu le Problème de la Photographie des Couleurs, croit avoir tout dit en faisant observer que nous nous servons de *couleurs prises chez le droguiste*. Nous voudrions bien savoir si, depuis Niepce jusqu'à Poitevin et depuis Raphaël jusqu'à Ingres, on s'est jamais servi, soit en photographie, soit en peinture, de substances prises ailleurs que chez les droguistes et chez les fournisseurs de produits chimiques. M. Vidal n'a pas, croyons-nous, la prétention de réaliser avec *rien* ses photochromies.

la Science pure, nous nous placerions dans la situation étrange d'un musicien compositeur qui différerait d'écrire un opéra, ou une symphonie, jusqu'à ce que la question, encore controversée, du vrai diapason eût été vidée entre les divers conservatoires.

L'authenticité absolue est chose rare. La photographie ordinaire ne réunit elle-même qu'en partie les caractères de l'authenticité, puisque, d'une part, elle a été jusqu'à ce jour impuissante à traduire en noir, avec leur valeur relative, les diverses teintes de la nature, et que, d'autre part, même pour ce qui est de la ligne et du contour des choses représentées, presque tous les objectifs produisent des déformations plus ou moins graves. Malgré ces altérations certaines de la vérité, la photographie noire est passée à l'état d'art officiel et pour ainsi dire administratif. On aurait, ce semble, mauvaise grâce, surtout dans les premiers temps, à se montrer plus sévère vis-à-vis de l'Héliochromie, c'est-à-dire à exiger d'elle au-delà d'une similitude dont l'œil et l'esprit se contentent et au-delà d'une sensation de la réalité.

Nous objecterait-on enfin que l'arbitraire existe tout au moins dans la nuance dont nous avons fait choix pour chacun des trois milieux analyseurs ? Quiconque voudra aborder l'étude théorique de ces trois milieux d'après nos descriptions placées au chapitre III, demeurera convaincu que, par une merveilleuse loi de l'optique, un écart ou même une variation assez considérable dans la nuance de deux tout au moins de ces trois milieux, ne cause aucune altération appréciable des empreintes, la préparation sensible que nous proposons (*collodion bromuré à l'éosine*) agissant en vertu de bandes d'absorption situées dans les régions voulues du spectre, indépendamment d'une interception plus ou moins hermétique des rayons qui ne doivent pas concourir à la formation de l'image.

Le Système est donc scientifique en son entier. Seulement

il va sans dire qu'ici comme ailleurs l'intelligence et l'habileté de l'opérateur sont indispensables pour assurer la stricte exécution des lois dont dépend le résultat cherché. Que si, par exemple, l'un des trois négatifs se trouvait être sensiblement plus intense que les deux autres, ou bien encore si, par un collodionage inégal ou par une action irrégulière des révélateurs sur l'une des trois surfaces, l'un des négatifs manquait d'homogénéité, s'il offrait dans telle partie, notamment dans une partie voisine de l'angle d'écoulement, une intensité plus forte que dans les autres portions, l'équilibre entre les trois monochromes qui doivent sortir de ces trois clichés serait rompu: dans le premier cas l'héliochromie tout entière serait ou trop rouge, ou trop bleue, ou trop jaune : dans le second cas elle présenterait des espaces d'une coloration bizarre faisant tache sur tout le reste. Ces accidents étaient inévitables dans les débuts d'un art complexe comme le nôtre, et, quelle que fût l'habileté bien connue de l'opérateur attaché à nos travaux, il lui eût été impossible d'obtenir, d'entrée de jeu, avec les préparations défectueuses dont il a fallu se contenter jusqu'à ces derniers temps, *ce parfait équilibre des trois clichés* et cette *unité de modelé* qui sont les conditions essentielles de tout: bonne héliochromie[1].

Aujourd'hui, grâce aux formules de négatifs héliochromiques à l'*Eosine*, que nous donnerons ci-après, les opérations, singulièrement simplifiées, ramenées à l'unité, deviennent en quelque sorte les mêmes que celles de la pho-

---

[1] Bien à contre-cœur et uniquement pour prendre date, je dûs, sur les conseils d'hommes très-autorisés, me résigner à l'exposition qui fut faite en mon nom, à deux reprises, au Palais de l'Industrie, en 1876, de spécimens d'héliochromie de grand format, mais d'une exécution qui laissait encore beaucoup à désirer. Les fins connaisseurs, heureusement, ont su lire entre les lignes et apprécier ce que deviendrait bien vite le nouvel art, pour peu que les formules et les tours de main vinssent à se régulariser. — L. D.

tographie courante, et tout opérateur qui voudra se vouer à ce travail attrayant, ne tardera pas à le bien faire.

2° *Artistique.* — La simplicité de la palette explique l'inimitable harmonie, la puissance et la douceur, en un mot la beauté artistique des héliochromies dues au Système, ne seraient-elles que d'une réussite médiocre. Ce même pinceau qui se déploie si largement pour traduire ce qu'on appelle les effets d'ensemble, s'aiguise et s'effile en une pointe plus acérée que le burin pour copier scrupuleusement la nuance particulière du plus imperceptible détail. C'est, dans les infiniment petits, une exactitude, une loyauté qui n'enlève rien de son ampleur à l'œuvre solaire.

3° *Industrielle.* — Les recherches de MM. Edm. Becquerel, Niepce de St-Victor, etc., ont prouvé qu'une plaque préparée au sous-chlorure d'argent s'imprègne de la plupart des colorations de l'image formée dans la chambre noire et qu'elle conserve cette empreinte, mais toutefois à l'abri de la clarté du jour. Ce procédé d'héliochromie, qui repose originairement, non pas sur les données du raisonnement comme notre Système, mais, il faut le dire, sur un simple fait empirique et fortuit, ne fournit au soleil qu'une palette incomplète, bonne seulement pour un nombre limité de sujets. Quoi qu'il en soit de cette appréciation, et à supposer qu'on parvienne à fixer les héliochromies ainsi obtenues, elles ne répondent nullement aux exigences de l'industrie contemporaine, accoutumée aux prodiges de la presse ou tout au moins à la multiplication plus ou moins prompte d'une œuvre d'art : elles veulent en effet autant de poses à la chambre noire que l'on désire avoir d'épreuves d'un même sujet. Nos héliochromies, au contraire, proviennent de moules ou clichés créés une fois pour toutes : c'est dire qu'elles se prêtent à ce tirage illimité devenu aujourd'hui la condition de tous les arts graphiques. Quant à la nécessité d'un triple tirage pour chaque épreuve, elle n'a rien d'effrayant vu l'état actuel des moyens mécaniques de superposition et d'unification; ce n'est pas trois tirages qu'exige une chromolithographie richement nuancée, mais bien vingt, vingt-cinq et même un plus grand nombre.

III. — Par une curieuse rencontre, dont il serait peut-être difficile de trouver d'autres exemples, du moins aussi frappants, dans l'histoire des découvertes, M. Charles Cros, le jour même (7 mai 1869) où nous communiquâmes à la Société française de Photographie, par l'intermédiaire du regretté M. A. Marion, notre méthode d'héliochromie, accompagnée des spécimens de nos premiers essais, M. Charles Cros communiqua de son côté à la même Société l'exposé théorique de ce qu'il appelait « *une méthode générale pour arriver à enregistrer, fixer et reproduire tous les phénomènes visibles, intégralement, c'est-à-dire dans leurs deux ordres de caractères primordiaux, les figures et les couleurs.* Cette méthode, examinée dans ses définitions idéales et abstraction faite des moyens de réalisation, à peine effleurés par son auteur, se confondait avec notre propre méthode : triple décomposition de la lumière, prise de trois clichés, unification des trois images engendrées par ces clichés.

M. Davanne, dans son rapport, s'exprimait ainsi sur cette double présentation :

« Il a été publié récemment sur l'héliochromie deux mémoires, l'un par M. Ducos du Hauron dans le journal *Le Gers*, l'autre par M. Charles Cros dans le journal *Les Mondes*. Ces deux mémoires offrent l'un avec l'autre beaucoup d'analogie et partent de ce même principe, qu'au lieu de chercher à reproduire sur une même surface toutes les couleurs de la nature indistinctement, il y a lieu de les analyser et de les séparer pour obtenir trois épreuves correspondant aux trois couleurs primitives : le rouge, le jaune et le bleu, et, ces trois épreuves monochromes présentant toutes les gradations de teintes que donne si bien la photographie étant obtenues, on les réunit par un procédé de synthèse quelconque, et en se confondant ensemble elles donnent toutes les autres couleurs puisqu'elles contiennent tous les éléments du spectre.

« Je ne crois pas avoir à rechercher la question de priorité ; sans doute chaque inventeur, à l'insu l'un de l'autre, faisait un travail qui a abouti à la production des deux mémoires, et il est arrivé que, tandis que M. Ducos du Hauron me demandait par l'entremise de M. Marion de présenter son travail à notre Société, M. Cros venait d'autre part appeler votre attention sur son mémoire, dont il promettait une analyse succincte pour votre Bulletin [1]. Puisque j'ai entre

[1] Il est de fait que sans nous connaître et à deux cents lieues de distance l'un de l'autre, M. Cros et moi avions tous les deux, par le raisonnement, abouti à une même découverte. Tout en proclamant avec bonheur cette confraternité scientifique, je n'étonnerai ni ne blesserai personne, pas même M. Cros, dans une affaire où de graves intérêts industriels sont engagés, en rappelant, sous forme de note, comment fut tranchée, dès l'année 1869, cette *question de priorité* dont parle M. Davanne.

La situation de M. Cros et la mienne, comme inventeurs, n'étaient pas les-mêmes malgré la réalité de notre rencontre. D'un côté, M. Cros m'avait del vancé dans la constatation officielle de sa théorie héliochromique, par un pi cacheté déposé à l'Institut en 1867 ; par contre, en 1868, après avoir créé non-seulement une théorie analogue, mais encore des moyens de réalisation matérielle, fruit de plusieurs années de travail, j'avais garanti ma propriété à la fois scientifique et industrielle par la prise d'un brevet français.

Une polémique courtoise, finalement suivie de relations amicales, s'engagea entre M. Cros et moi, dans le journal *Cosmos* (livraisons des 3, 24 et 31 juillet 1869) pour régler cette question. De cet échange d'explications il résulta et il résulte : 1° que M. Cros et moi avions théoriquement trouvé une même solution du Problème de la Photographie des Couleurs, et que le fait de notre rencontre démontrait la vérité scientifique de notre point de départ commun ; 2° que M. Cros n'ayant *publié* pour la première fois sa théorie que le 25 février 1869 dans le journal *Les Mondes*, les droits et priviléges que m'assurait mon brevet, pris dès le 23 novembre 1868, demeuraient inattaquables ; 3° qu'à la différence du mémoire annexé à mon brevet et où se les mains, non-seulement la publication faite par M. Ducos du Hauron, mais les premiers spécimens à l'appui, je demande à vous donner quelques explications sur ce sujet en attendant que la brochure spéciale que l'auteur a fait imprimer soit livrée au public. »

Après un bienveillant compte-rendu de notre mémoire, l'éminent secrétaire de la Société Française de Photographie terminait en ces termes son examen de nos travaux d'alors :

« L'image du spectre jointe à cette présentation est certainement bien loin d'être parfaite ; mais elle n'en vient pas moins à l'appui des affirmations qui précèdent ; et la seconde épreuve, qui est une reproduction de diaphanie et qui a pu être obtenue par superposition sans le secours de la chambre noire, donne une idée très-approchée du modèle. » (*Bulletin de la Société Française de Photographie*, *1869*, Bulletin nᵒ 5).

Depuis un an ou deux, M. Cros, renseigné sur les résultats de nos recherches pratiques, dont mieux que tout autre il

---

trouvent précisés des moyens pratiques de réalisation dont la recherche m'avait coûté, dès cette époque, plusieurs années, le pli cacheté déposé par M. Charles Cros à l'Institut en 1867 ne contenait qu'une simple théorie, une description purement idéale ; 4° que l'auteur déclarait vouloir s'en tenir à ce seul travail, reculant de son propre aveu devant *la grande dépense de temps et de mouvement qu'auraient exigée des essais de réalisation pratique.... dont il ne se dissimulait pas les très-grandes difficultés* (article précité du journal *Les Mondes* ; 5° que le débat se termina par une double reconnaissance : d'une part, M. Cros déclarait (*Cosmos* du 31 juillet) ne point contester mes droits de propriété sur ce qui se trouvait décrit dans mon brevet (en réalité, l'héliochromie telle que je la pratique après y avoir annexé d'importants moyens d'exécution, dont mon frère et moi nous sommes assuré la propriété par de récents brevets) ; d'autre part, je m'étais empressé de reconnaître que le mérite de l'idée première appartenait à M. Cros comme à moi ; quant à la propriété industrielle, il va sans dire que mon brevet me l'attribuait sans partage. — L. D.

a pu apprécier la portée, s'est mis à l'œuvre à son tour.
Plusieurs spécimens du nouvel art sont sortis de ses mains.
Il les a soumis aux Sociétés Savantes, et, devant l'Institut,
il a vaillamment soutenu une noble lutte dans laquelle
l'avantage lui est resté.

En effet, sa manière de poser et de résoudre le Problème
de la Photographie des Couleurs lui a valu l'honneur d'être
combattu par M. Edm. Becquerel, dont les objections se
résumaient en ces termes (Académie des Sciences, séance du
3 juillet 1876) : « Les clichés négatifs qui sont obtenus par
l'interposition de verres diversement colorés entre l'objet
dont on veut reproduire l'image et l'appareil photographique
ne conservent aucune trace des couleurs des rayons actifs ;
ils ne donnent qu'une transparence plus ou moins grande
d'une même couche de collodion renfermant plus ou moins
d'argent réduit ; les images positives, teintées au gré des
opérateurs, ne sauraient donc reproduire, par ce moyen, les
couleurs naturelles de l'objet, mais donnent des nuances de
fantaisie. Les conclusions de l'auteur, en ce qui concerne
la reproduction des couleurs naturelles, par cette méthode
photographique, sont donc inexactes. »

M. Cros a victorieusement répondu (Séance du 24 du
même mois) :

« Il est clair que les trois clichés, obtenus à travers mes
trois verres, ne conservent aucune teinte des rayons qui les
ont frappés, mais bien une image plus ou moins transparente, formée d'argent réduit. *Les transparences variant
à chaque cliché déterminent les quantités respectives de
couleurs types que contient chaque point du tableau.* Les
tirages positifs, réalisés dans les trois couleurs types déter-
minés comme il est dit plus haut, ne sont donc pas faits au
gré des opérateurs et ne peuvent donner des teintes de
fantaisie. On ne saurait concevoir rien de plus *naturel* que
ces teintes analytiquement fixées par le regard humain et

recombinées par lui. L'œil est le seul instrument connu des physiciens pour apprécier les couleurs. »

On ne saurait, dans des termes plus ingénieux et d'une concision plus scientifique, exprimer des idées plus justes.

IV. — Nous venons de faire l'exposé général du Système. Les chapitres qui vont suivre contiendront le détail précis et circonstancié des moyens pratiques de réaliser, d'abord nos clichés héliochromiques, puis nos héliochromies ou images positives. Les descriptions où nous voulons entrer seront assez complètes pour qu'un intelligent opérateur, quelque peu habitué à la photographie aux sels de chrôme, puisse aborder avec un succès presque immédiat la Photographie des Couleurs. Jusqu'à ce jour, en effet, parmi les divers procédés de tirage compatibles avec le Système, les tirages aux gélatines (qui comprennent la Photoglyptie), et spécialement *les tirages aux gélatines bichromatées* devaient faire l'objet de nos principales études, ce mode d'impression photographique étant jusqu'à présent le plus parfait, appliqué à l'Héliochromie, et le seul accessible à la plupart des ateliers.

CHAPITRE II.

I. — De toutes les difficultés que devait rencontrer notre système d'héliochromie, la plus considérable, eu égard à l'état des découvertes photographiques au début de nos travaux, consistait à obtenir à la chambre noire, dans une durée de pose qui n'excédât pas démesurément toutes les poses connues et acceptables, l'empreinte du *vert* et surtout l'empreinte de *l'orangé*, en d'autres termes les deux négatifs formés par l'intermédiaire, l'un d'un verre de couleur verte, l'autre d'un verre orangé, les substances étudiées à cette époque ne pouvant fournir, du moins par les méthodes usuelles, que la troisième empreinte, c'est-à-dire le négatif du verre violet.

Dans la description jointe à notre brevet français du 23 novembre 1868, qui est notre brevet principal portant sur l'ensemble de l'invention, nous faisions connaitre les expédients à l'aide desquels, armé de patience et bornant provisoirement notre ambition à un nombre assez restreint de sujets d'héliochromies, nous avions réussi, dès ce temps-là, à produire des épreuves en couleur nonobstant l'inertie, tenue alors pour absolue et irrémédiable, des rayons dits antiphotogéniques [1]. Nous comptions, non sans raison, sur les résultats de nos recherches ultérieures et sur les imminentes conquêtes de la science, pour pouvoir triompher, dans un prochain avenir, de l'insensibilité, simplement relative, que la couche collodionnée opposait à deux des

---

[1] Dès la présentation qui en fut faite, avec des spécimens à l'appui, par M. Davanne à la Société Française de Photographie (séance du 7 mai 1869), notre Système eut l'insigne honneur de diviser en deux camps les célébrités du monde photographique : le camp des *croyants* et celui des **incrédules**. Dans le premier`, M. Blanquart-Evrard se montra l'un de nos plus résolus défenseurs ; ce vénérable et regretté doyen de la science photographique française daigna engager avec nous une longue correspondance, à la suitede laquelle il entreprit de composer, sur le nouvel art dont nous étions le promoteur, une notice que vint arrêter sa mort prématurée. Par contre et dans le camp opposé se rangea résolument l'un des correspondants les plus éminents du Bulletin Belge de Photographie : cet adversaire, rallié depuis lors, nous a-t-on assuré, fit paraître dans cette revue (n° du 15 mai 1870) un article où il battait en brèche et nos idées et celles de M. Charles Cros. D'après lui, un concours fortuit de circonstances, probablement aidées par un travail artificiel, avait distribué la couleur sur les spécimens par nous soumis à la Société Française de Photographie ; la Triplicité des Couleurs, base du Système, n'était qu'une opinion dépourvue d'autorité scientifique, et, à supposer qu'elle eût quelque valeur, nous irions toujours et forcément nous briser contre une impossibilité insurmontable, celle d'obtenir, à la chambre noire, un cliché par la lumière jaune ou rouge, « *même avec des semaines d'exposition.* » Sous le coup [de cet article, signé d'un grand nom, nous dûmes passer pour vision naire auprès de nombre de photographes. Des appréciations de ce genre aident médiocrement un inventeur qui débute à tirer parti de ses brevets. — L. D.

lumières colorées dont nous avions besoin. L'événement ne tarda pas à justifier nos espérances.

En effet, dans une série de brochures ou de communications faites à la Société Française de Photographie [1], nous eûmes la satisfaction de publier diverses méthodes de négatifs héliochromiques par lesquelles, mettant à profit soit nos constatations personnelles, soit les découvertes récentes de la science, nous avions pu composer des couches collodionnées sensibles aux rayons les moins actiniques, et même activer cette sensibilité jusqu'au point de satisfaire à toutes les exigences de la pratique, tout au moins en ce qui concerne la prise des clichés de tableaux et de paysages.

C'est ainsi qu'après avoir constaté, par nos propres recherches, la sensibilité que l'addition de certaines substances résineuses, par exemple la *résine colophane*, donne au collodion pour les rayons les moins réfrangibles du spectre [2],

---

[1] Les mémoires en question, dédiés pour la plupart à la Société Française de Photographie, portent les dates des 9 avril et 24 septembre 1874, 5 avril et 6 septembre 1875 : Agen, Prosper Noubel, éditeur. M. Eugène Dumoulin les a résumés dans son intéressant ouvrage, *Les Coul urs reproduites en Photographie* (Paris, 1876, Gauthier-Villars, éd.). Cet ouvrage contient en outre et avant tout l'analyse, fort bien faite, et plusieurs extraits de nos principales brochures, parues dès les années 1869 et 1870, où nous avions présenté une théorie détaillée du Système. (*Les Couleurs en Photographie, Solution du Problème.* 1869, Marion, éditeur, 16, Cité Bergère ; *Les Couleurs en Photographie et en particulier l'Héliochromie au Charbon*, janvier 1870, Paris, même éditeur.)

[2] Antérieurement à cet ordre de recherches, et faute d'avoir connu, dans nos tâtonnements des premières années, les précautions spéciales qu'il eût fallu employer pour obtenir, *par continuation*, des épreuves *aux lumières antiphotogéniques*, nous avions imaginé un procédé dont nous poursuivîmes l'étude à outrance ; il consistait à se contenter d'une empreinte sur verre, *au bromure et à l'iodure d'argent, produite à la lumière seule, et visible à peine*, créée par conséquent dans un temps de pose bien inférieur à celui qu'aurait demandé, toujours sans le secours des agents développateurs, la production d'une image intense ; puis à tirer de cette empreinte une épreuve d'une vigueur convenable, soit au moyen d'un contre-type unique donnant

nous eûmes l'idée d'utiliser et que nous utilisâmes en effet,
pour la composition des collodions spéciaux qu'il nous
fallait, les communications adressées au monde savant par
MM. Vogel, Carey-Lea, Edm. Becquerel, sur certaines propriétés soit de *l'aurine*, soit de *chlorophylle* qu'on introduit
dans la couche collodionnée. Nous parvinmes de la sorte et
par étapes laborieuses à constituer toute une science, au
moins élémentaire, de l'emploi héliochromique de ces deux
substances. D'une part, *l'aurine*, que M. Vogel avait signalée
comme donnant au collodion bromuré autant de sensibilité
pour le rayon jaune du spectre que pour le rayon indigo,
nous procura, soit avec le collodion bromuré, soit avec le
collodion ioduré, nos trois négatifs, dont deux étaient
rapides, celui du verre violet et celui du verre vert, mais
dont, par malheur, le troisième, celui du verre orangé, était
comparativement très lent; d'autre part, *la chlorophylle*, avec
l'un et l'autre collodion, nous fournit une rapide empreinte
de la lumière orangée, mais, par contre, une empreinte fort
paresseuse de la lumière verte. Nous fûmes par suite amené,
pour combiner les avantages des deux substances dont il
s'agit, en vue de la production aussi prompte que possible de
nos trois négatifs héliochromiques, à préparer diversement

par contact l'image d'un seul jet, soit au moyen d'une succession régulière
de contre-types, toujours par contact, et d'une intensité progressive. C'est
ainsi qu'une couche de gélatine sur verre, imprégnée de perchlorure de fer,
insolée sous le négatif presque invisible sorti de la chambre noire, et traitée
notamment par l'acide gallique, nous donnait en une seule fois un contre-
type négatif dont l'énergique intensité, selon une loi d'optique conforme à nos
prévisions, était juste proportionnelle à l'épaisseur de la couche et permet-
tait ainsi de régler la puissance de cette nouvelle espèce de développement.
Quant aux contre-types successifs, ils nous étaient fournis par celles des
préparations gélatineuses aux sels d'argent, d'urane, etc., qui créent, par la
seule lumière, des effets contrastés dont on suit les progrès comme on suit les
progrès des positives ordinaires. (Exemple : un mélange d'albumine et de
gélatine étendu sur verre et traité par un bain d'argent additionné d'acétate
de plomb.)

nos trois glaces sensibles : ainsi, tandis que, pour le négatif du verre vert, nous nous servions d'un collodion spécial où nous avions fait dissoudre l'aurine, il y avait nécessité, pour le négatif du verre orangé, de collodionner d'abord, puis de traiter la glace par une infusion de chlorophylle, etc.

Le but essentiel était atteint, puisque, moyennant trois poses consécutives dont la durée totale n'avait rien d'excessif (une douzaine de minutes au soleil avec un objectif à paysages), nous obtenions à la faveur de trois châssis se substituant lestement l'un à l'autre dans l'appareil photographique de même que les trois verres de couleur, les trois empreintes négatives demandées. Toutefois, cette méthode, ainsi établie sur l'emploi combiné de l'aurine et de la chlorophylle, laissait encore beaucoup à désirer. Voici les principaux inconvénients qu'elle présente :

1° La différence des préparations, d'un cliché à l'autre, crée des différences dans le modelé : par suite, les trois couleurs composantes de l'héliochromie n'étant pas distribuées suivant la même gamme, le coloris final, les effets polychromes se trouvent plus ou moins gravement altérés ;

2° La différence des manipulations, quand on passe de l'une à l'autre des trois glaces sensibles, allonge et complique la main d'œuvre, augmente le nombre des ustensiles, cuvettes, flacons, etc., et multiplie les chances d'erreur. Si l'on vient à manquer l'un des négatifs, l'accident est irrémédiable, parce que telle ou telle glace préparée qu'on tenait en réserve ne convient pas pour le négatif qu'il s'agirait de remplacer. Enfin, il faut renoncer, dans cette méthode, à faire usage d'un *multiplicateur* qui serait garni d'une *glace unique* destinée à porter les trois empreintes, l'emploi d'une pareille glace supposant l'unité de préparation ;

3° *La bande spécifique de la chlorophylle* étant située non pas dans *l'orangé* du spectre, mais dans le *rouge*, il en résulte que les glaces préparées à la chlorophylle, pour le cliché de la lumière orangée, reçoivent, comme nous l'expliquerons ci-après, une empreinte trop forte des objets rouges, et que par suite le monochrome bleu, engendré par ce cliché, ne contiendra, aux endroits correspondants, qu'une trop faible quantité de bleu, d'où la conséquence finale que les rouges de l'héliochromie, ou épreuve totale, quelle que soit la nuance réelle du rouge du modèle, tournent toujours à l'orangé. Le remède à cette imperfection, c'est-à-dire la modification de l'épreuve jaune par l'emploi d'un verre violet tirant sur le rouge, n'est peut-être pas exempt d'inconvénients ;

4° Les propriétés photogéniques de la chlorophylle sont variables, suivant la saison où la plante a été cueillie. Au printemps et pendant la première partie de l'été, la présence de la sève produit un excès de matière cireuse, dont il est difficile de débarrasser la plante (notamment par la potasse) sans entraîner une trop forte proportion de la chlorophylle elle-même ; or cette matière crée un obstacle à la plupart des révélateurs [1]. On le voit, l'emploi régulier de la chloro-

---

[1] Ce fut au mois de juillet 1875, à Agen, que, dans le but de rendre sensible à la lumière orangée la couche de collodion bromuré, je la traitai pour la première fois par un bain alcoolique de chlorophylle, extraite du *lierre*. Cette expérience eut un plein succès, et, pendant neuf mois consécutifs, c'est-à-dire jusqu'à la fin de mars 1876, ce succès ne se démentit jamais. L'opérateur, justement renommé, qui était venu de Paris prendre part à mes travaux, M. Klerjot, obtint sous mes yeux, grâce à l'emploi de la chlorophylle, plusieurs clichés, tous très-rapides, à la lumière orangée. Je me réjouissais vivement de ce résultat lorsque, au mois d'avril, M. Klerjot, accompagné de M. Auguste Casse, d'Agen, mon autre collaborateur et ami, ayant voulu, à Paris, renouveler l'opération devant une réunion d'hommes d'élite et de savants, éprouva un échec absolu. La chlorophylle refusa opiniâtrement, pour la première fois, de faire apparaître, après exposition à la lumière orangée, une empreinte ou même un commencement d'empreinte. La tentative, faite à nouveau et refaite sans désemparer pendant une série de jours, donna constamment des résultats tout aussi nuls. On s'imagina que le lierre de Billancourt (car cette douloureuse expérience s'accomplissait à

phylle, comme substance accélératrice, et, il faut le dire, supérieurement accélératrice pour le négatif du verre orangé, offre des difficultés sinon insurmontables, du moins fort gênantes [1];

5° D'un autre côté, l'emploi de l'aurine pour donner au négatif du verre vert la sensibilité à la lumière verte, soulève dans la pratique plusieurs objections non moins sérieuses. Ainsi, soit que l'on opère à sec, soit que l'on opère à l'humide, cette sensibilité, sauf le cas où on conserve un excès de nitrate d'argent pour se servir de la glace immédiatement, n'existe qu'à la condition de ne faire usage pour les lavages que d'une *eau chimiquement pure*. Ainsi encore, le collodion à l'aurine devient très-lent au bout de peu de jours. Enfin, chose plus grave, les divers préservateurs hygroscopiques usités en photographie, et en outre le tannin sont incompatibles avec l'aurine; en d'autres termes, ils suppriment les propriétés photogéniques de cette substance.

Billancourt) n'avait pas, par exception, les propriétés voulues ; mais ni le lierre de Meudon, ni celui de Boulogne, d'Asnières, de Sèvres et de Versailles ne réussirent davantage, et M. Casse, qui a laissé dans tous les parcs des environs de Paris un souvenir légendaire comme chercheur de lierre, ne trouva pas une poignée de cette plante dont la chlorophylle donnât des épreuves. Avisés télégraphiquement, nous envoyâmes du lierre d'Agen, c'est-à-dire cueilli à Agen en ce mois néfaste d'avril 1876. Hélas ! l'insuccès fut le même, et la mystification de tous ceux qu'intéressait l'aventure n'eut plus de bornes. La réflexion venant, il fut manifeste que la sève printannière nous avait joué ce mauvais tour. Je n'en finirais pas, s'il fallait faire le récit de tous les autres déboires du même genre survenus depuis douze ans au cours de mes travaux. — L. D.

1 La vérité est que la chlorophylle (j'en ai fait la constatation par des expériences récentes) manifeste, malgré la présence de la cire, ses propriétés photographiques, si les agents développateurs de l'image, au lieu d'être dissous dans l'eau, sont dissous dans de l'alcool concentré. Partant de cette donnée, on pourrait, dans une préparation unique (car l'unité de préparation est chose essentielle), *associer la chlorophylle à l'éosine*. La chlorophylle, au lieu d'être appliquée par immersion ultérieure de la couche sensibilisée. pourrait être introduite dans le collodion même, ou collodion à l'éosine.

II. — Tels étaient les inconvénients contre lesquels nous avions à lutter, lorsqu'une récente observation scientifique, jetée tout à coup dans le domaine public, nous a mis sur la voie d'une méthode qui les supprime tous. Cette méthode de négatifs héliochromiques, fondée sur les propriétés de l'Eosine [1], présente, pour l'application de notre système d'héliochromie, un si remarquable assemblage de conditions de succès, qu'il nous semble bien difficile de la remplacer avantageusement.

Notre point de départ, pour l'invention de cette méthode [2], se trouve dans une note du *Moniteur de la Photographie*, (n° du 15 février 1876, correspondance d'Angleterre), rendant compte d'une communication de M. Waterhouse à la Société photographique de Londres sur l'influence des substances colorantes introduites dans le collodion. Cette note dit que, entr'autres expériences, M. Waterhouse a opéré au

---

[1] **L'*Eosine*, nouvelle couleur orange.** — L'éosine (du mot Ewç, aurore, à cause de sa nuance) est originaire du laboratoire du professeur Bayer, de Strasbourg (Université allemande). C'est de la phtaléine tétrabromée, obtenue par l'action du brome sur une solution de phtaléine dans l'acide acétique, où la combinaison bromée est insoluble. Dans son remarquable travail de l'action vers 150° ou 200° (suivant le corps) de certains acides anhydres polyatomiques sur les phénols mous et polyatomiques, M. Bayer a découvert une série de corps nouveaux d'allures spéciales, et parmi eux se trouve la phtaléine, dérivant de l'action d'un équivalent d'acide phtalique anhydre (série Ortho) sur deux équivalents de résorienne (paraphénol diatomique de benzine). Ce corps est devenu important aussi au point de vue industriel, précisément à cause de sa nuance pourpre tirant sur le ponceau, qu'on obtient en teinture avec le dérivé brome, nuance obtenue artificiellement pour la première fois avec cette substance. Les autres dérivés de la phtaléine, soit chlorés, soit nitrés, soit même iodés, sont incolores, et jusqu'à ce jour les autres dérivés similaires obtenus avec les homologues ou les congénères sont aussi incolores. (*Journal Les Mondes, n° du 2 mars 1876, page 331*)

[2] Achetée par nous au prix de longues et dispendieuses recherches, cette méthode de négatifs héliochromiques nous a paru digne d'être sauvegardée, comme propriété industrielle, par un brevet que nous avons pris à la date du 24 juillet 1877 (Préfecture de Lot-et-Garonne).

moyen d'une couleur (soluble dans l'eau et l'alcool) qu'on appelle *éosine*, ladite couleur employée par lui avec collodion sec et collodion humide, collodion bromuré ordinaire et iodo-bromuré ; que d'abord il a photographié avec le collodion ainsi teint, *le spectre solaire*, et ensuite *le paysage* ; et que de ces expériences il est résulté : 1° que la couche sèche de bromure d'argent est devenue sensible *au vert du spectre* ; 2° qu'en ce qui concerne au contraire le *paysage*, cette sensibilité se serait peu manifestée ; d'où l'auteur des expériences concluait que *l'action photographique du spectre n'est qu'une faible indication de l'action qu'auront sur des plaques ainsi préparées les objets colorés qui nous entourent dans la nature*, et qu'il reste à chercher le moyen de vaincre la difficulté qu'on éprouve dans la reproduction des couleurs dites non-actiniques.

A la lecture de ce document, nous fûmes frappé de certaines analogies avec les résultats de nos observations sur la coralline, l'aurine, les variétés de chlorophylle et diverses autres substances que nous avions introduites dans la couche collodionnée ; et ces analogies nous portèrent à penser qu'il se pouvait bien que l'éosine, indépendamment de sa sensibilité au *vert du spectre* signalée par M. Waterhouse, fût sensible non-seulement aux autres couleurs du spectre, mais encore à toutes les couleurs d'un paysage ou d'un tableau quelconque, naturel ou artificiel ; et nous présumâmes que tout le secret, pour faire apparaître cette sensibilité, consistait à interposer entre les objets à reproduire et la couche collodionnée *les milieux colorés* qui nous fournissent nos trois sortes de négatifs et dont M. Waterhouse n'avait pas eu l'idée de se servir [1].

---

[1] Abstraction faite de l'Héliochromie, et à ne considérer que la Photographie noire, le vrai moyen de traduire avec toute leur valeur relative les diverses nuances d'un sujet quelconque, de vaincre, en d'autres termes, la difficulté définie par M. Waterhouse, consiste à retarder, par l'interposition

Et en effet, vérification faite, les suppositions et les espérances se sont changées en certitude. *Le collodion à l'éosine* nous donne avec une égale fidélité et une même nature de modelé l'empreinte de la lumière violette, celle de la lumière orangée et celle de la lumière verte. Bien préférable aux préparations multiples et compliquées que nous avions jusqu'alors employées, la nouvelle préparation évite tous les inconvénients dont nous avons dressé plus haut la nomenclature, et elle assure les avantages qui en sont la contre-partie, savoir : Unité de modelé ; unité de formules et d'opérations ; valeur exacte de toutes les empreintes, y compris celles des objets rouges; latitude d'employer à la production des trois clichés un multiplicateur garni d'une seule glace ; constance dans les résultats photogéniques ; emploi, pour le lavage des épreuves, des mêmes eaux que dans la photographie courante; faculté de s'approvisionner à long terme, tout au moins plusieurs semaines à l'avance, du collodion dont il s'agit, cet espace de temps n'amenant ni altération du produit ni perte appréciable de sensibilité ; enfin, conservation assurée des glaces humides à l'état sensible, pour chacun des trois négatifs, par l'emploi des préservateurs hygroscopiques ou du tannin, la présence de cette dernière substance ou de ces préservateurs ne troublant en rien les propriétés de l'éosine.

---

d'un milieu coloré, tel qu'un verre de couleur orangée peu intense, celles de ces nuances qui ont le plus d'activité, de manière à laisser aux autres nuances le temps de former leur empreinte ; à cet effet, il importe de rendre le collodion sensible à tous les rayons lumineux, en l'additionnant d'une substance telle que l'éosine (surtout l'éosine). L'augmentation de pose qui résultera de l'interposition du milieu coloré sera compensée par l'exactitude du négatif et par la multiplicité des détails qu'on verra apparaître, notamment *dans le vert des arbres*. C'est une expérience que j'ai faite, et les résultats sont si surprenants que je ne puis résister au désir de mentionner incidemment ce fait à la fois scientifique et artistique, corollaire de mes découvertes, et dont l'application constituerait à elle seule une amélioration importante dans l'art photographique. — L. D.

Pour ce qui est du temps de pose des trois négatifs, nous voulons dire la durée totale des trois poses, ici encore les préparations *à l'éosine* réalisent un progrès; les formules ci-après procurent en effet des vitesses que nous n'avions pu atteindre par l'emploi combiné de l'aurine pour le négatif du vert et de la chlorophylle pour le négatif de l'orangé. Ce que l'éosine, comparée à la chlorophylle, va perdre en activité pour le négatif de l'orangé, demeurera compensé, et bien au-delà, par ce qu'elle gagnera de vitesse sur l'aurine pour le négatif du vert. Encore, dans les préparations dont il s'agit, n'avons-nous pas usé jusqu'à présent, comme il sera aisé de s'en convaincre, de toutes les ressources probables du nouveau procédé.

III. — Après l'exposé de ces résultats généraux, il ne nous reste plus qu'à entrer dans le détail des opérations :

Nous avons associé, dans les formules qu'on va lire, l'éosine au bromure d'argent : elle joue avec lui un rôle plus actif qu'avec l'iodure, dès qu'il s'agit de lumières antiphotogéniques. La glace, pour chacun des trois négatifs, peut servir soit à l'état humide, soit à l'état sec. De là, une division de notre sujet en deux méthodes : *Méthode humide* et *Méthode sèche*.

§ 1ᵉʳ — Méthode humide.

On peut à volonté, par cette méthode, employer immédiatement la glace, ce qui procure le maximum de rapidité, ou bien recourir à un préservateur et la conserver de la sorte pendant un ou deux jours à l'état sensible avant d'en faire usage. Dans les deux cas, le collodion et le bain d'argent sont les mêmes, ainsi que le révélateur.

Voici d'abord, pour le collodion et le bain d'argent, les formules que nous avons adoptées jusqu'à nouvel avis et dont les résultats sont parfaitement réguliers :

Collodion à l'Eosine :

Alcool à 40°.	40 cent. cub.
Ether à 62°	60 cent. cub.
Coton..	1 gramme.
Bromure de cadmium	3 gr.
Eosine	0 gr. 15 cent.

On ajoute au collodion, une fois fait, l'éosine préalablement pulvérisée. On n'en pulvérisera que la quantité nécessaire à chaque approvisionnement de collodion, pour le cas, assez probable, où il y aurait avantage à la conserver à l'état de morceaux, telle que la livre le commerce.

L'éosine, même pulvérisée, demande quelques minutes pour se dissoudre dans le collodion, et il est nécessaire d'agiter le flacon. Elle ne se dissout jamais en totalité, il faut donc filtrer.

Ce collodion est d'un bon emploi dès le lendemain, mais il devient de plus en plus limpide au bout de quelques jours de repos : alors on le décante à cause d'un léger dépôt poudreux qui s'est formé au fond du flacon.

Bain d'argent :

Eau distillée	**1,000** cent. cub.
Nitrate d'argent	de **200** à **240** gr.
Acide nitrique	de **30** à **60** gouttes, suivant la température.

L'addition de l'acide est motivée par l'emploi de l'éosine. Sans cette précaution d'acidifier le bain d'argent, nous n'avons pu obtenir, avec le collodion à l'éosine, que des images uniformes et dépourvues d'intensité.

Traitement préalable des glaces. — Pour assurer la solidité de la couche pendant les opérations, il est utile de recouvrir préalablement la glace d'un enduit de caoutchouc ou

de talc, etc. Une solution de caoutchouc dissous dans la benzine, à la proportion de 2 décigr. pour cent, et que l'on étend
à la manière du collodion, nous a fort bien réussi [1].

Collodionnage. — On sait que pour avoir des images intenses
et régulières, il importe, surtout si l'on veut faire usage du
développement alcalin, de donner une assez forte épaisseur
à la couche bromurée. On atteindra, entr'autres moyens, ce
résultat, avec le collodion à l'éosine comme avec tout autre
collodion, si l'on a soin de maintenir longtemps la glace
presque horizontale pendant l'écoulement de l'excès de
liquide.

Sensibilisation. — La lumière orangée qui éclaire l'atelier
obscur doit être très-modérée pendant toutes les opérations,
à partir de la sensibilisation jusqu'au fixage ; et les glaces,
sauf les instants où l'on opère, doivent être reléguées dans
la partie la plus sombre du local et même abritées par des
cartons, notamment lorsqu'on les met à égoutter.

Le séjour d'une glace dans le bain d'argent doit durer de
4 à 6 minutes, suivant la température. Le balancement de la
cuvette, *pendant la première minute de ce séjour*, nous
parait préférable à l'immobilité du liquide. Ce balancement
s'effectue alternativement dans le sens de la longueur de la
cuvette et dans le sens de la largeur, c'est-à-dire deux ou trois
fois dans un sens, deux ou trois fois dans l'autre, etc. Nous
avons obtenu de la sorte un dépôt réguli er de bromure
d'argent. Au bout d'une minute environ, le balancement
devient inutile.

Précaution spéciale en ce qui concerne le châssis négatif.
— Avant de parler de l'exposition à la lumière, il est une

---

[1] En d'autres termes, deux décigrammes de caoutchouc sont mis à gonfler
dans de la benzine (100 cent. cub.), à laquelle ils abandonnent, dans un
espace de 24 heures environ, toute leur partie soluble : il ne reste qu'à
filtrer.

précaution que nous ne saurions trop recommander : elle consiste à peindre en noir mat la paroi intérieure de la porte du chàssis négatif et le ressort en cuivre qui presse contre la glace. Voici pourquoi :

L'éosine donne à la couche collodionnée une grande transparence pour les rayons orangés et même pour les rayons verts. Il en résulte que ces rayons, s'ils étaient réfléchis par une surface un peu claire, telle que la paroi ordinaire des chambres noires et que le cuivre, produiraient des *auréo les* sur deux des trois clichés. En noircissant cuivre et paroi, on évite complètement cet inconvénient.

Exposition à la lumière, avec ou sans emploi des préservateurs. — Si la glace doit être employée dans un assez court délai après sa sensibilisation, c'est-à-dire deux ou trois heures en hiver, un quart d'heure environ en été, on se borne à la laver, à sa sortie du bain sensibilisateur, dans une cuvette contenant une eau légèrement nitratée (1 ou 2 pour 100), et en cet état on l'expose à la lumière. Puis elle est lavée avec soin, d'abord à l'eau distillée, ensuite à l'eau ordinaire, de manière à expulser complètement les dernières traces de nitrate avant l'application du révélateur.

Si, au contraire, les glaces une fois sensibilisées, on veut surseoir pendant quelques heures ou même un ou deux jours à la prise des clichés ainsi qu'à leur développement, ou bien encore si l'on désire poser largement, par exemple pour la reproduction de peintures faiblement éclairées, sans faire courir à la couche le danger de sécher durant la pose, on ne se borne plus à laver les glaces d'une manière incomplète avant exposition à la lumière, mais on élimine les dernières traces de nitrate d'argent par des lavages rigoureux, et on applique un préservateur hygroscopique. Nous avons employé avec succès le mélange d'albumine et de glycérine.

Albumine..... . ...… Une partie.

Glycérine ....   id.

Eau distillée................... deux parties.

Avant de procéder au développement, on enlève le préservateur par un lavage à grande eau.

Durée de pose. — Elle diffère, suivant que les glaces sont
employées sans préservateur et en leur conservant, comme
il vient d'être dit, un léger excès de nitrate d'argent, ou que
l'on fait usage de préservateurs, tels que celui dont la formule vient d'être énoncée.

Dans le premier cas la durée de pose est beaucoup moindre,
et, à la condition d'utiliser dans toute leur concentration
les développateurs (développement alcalin ou développement
au fer) dont il sera ci-après parlé, elle se réduit, étant donné
un objectif simple et diaphragmé d'un vingtième de la
distance focale, savoir : 1° pour le cliché du verre orangé,
à 2 ou 3 minutes au soleil; 2° pour le cliché du verre vert, au
quart environ de la pose précédente ; et 3° pour le cliché du
verre violet, au huitième environ de la même pose. Avec un
objectif double, les trois poses ajoutées l'une à l'autre se
réduisent à un total de 10 à 20 secondes, ce qui permet de
saisir, notamment, les effets de nuages.

Il faut doubler ou tripler chacune des poses si l'on fait
usage du préservateur ; nonobstant cette augmentation de
durée, la prise des paysages ne laisse pas d'être possible et
pratique dans le plus grand nombre de cas.

On peut conclure des précisions où nous venons d'entrer
que, moyennant une belle lumière, les formules indiquées
permettent d'aborder le portrait d'après nature. En associant
l'éosine, non plus au collodion ordinaire, mais aux *collodions
émulsionnés*, on arrivera peut-être à réduire encore la pose.
Nous avons simplement constaté, jusqu'à ce jour, que
l'éosine introduite dans le collodion émulsionné au bromure

d'argent, le rend sensible à la lumière orangée ; mais ce collodion, dont nous nous réservons de faire une nouvelle étude, ne nous a pas encore donné, comme vitesse, un aussi bon résultat que notre collodion bromuré, exposé avec un léger excès de nitrate d'argent.

En fait de nouvelles accélérations, il y a beaucoup à espérer de l'emploi de certains préservateurs.

Développement alcalin de l'image ; révélateur concentré. — Pour assurer une action plus uniforme du révélateur et neutraliser *le moutonnage* qui résulterait d'une couche inégale de collodion, nous avons reconnu l'utilité de traiter d'abord la glace par une solution très-concentrée de bromure de potassium employé seul. Cette solution s'applique sur la glace, soit au moyen d'un verre à bec et en promenant plusieurs fois le liquide, pendant une minute environ, sur la couche impressionnée, soit en immergeant la glace dans un bain de ce liquide. Il consiste en :

Eau distillée.......... .... 100 cent. cub.
Bromure de potassium....... 30 gr.
Bromure d'argent........... à saturation.

Si l'on ne prenait pas soin, en effet, de saturer ce liquide de bromure d'argent, le bromure d'argent de la couche collodionnée serait dissous [1].

On rince la glace à l'eau ordinaire, on la laisse égoutter quelques instants sur du buvard, puis on la recouvre d'un

---

[1] Pour saturer de bromure d'argent la solution de bromure de potassium, on ajoute à celle-ci, goutte à goutte, une solution faible de nitrate d'argent (2 pour 100), jusqu'à ce que le premier liquide, maintenu à l'état d'agitation, cesse de dissoudre les grumeaux de bromure d'argent qui se forment : à ce moment on doit filtrer.

mélange, à volumes égaux [1], des trois solutions suivantes, bien mêlées par un agitateur :

1re Solution. — Eau................ 100 cent. cub.
            Acide pyrogallique... 5 grammes.
2me Solution. — Eau... .... 100 cent. cub.
            Bromure de potas., 30 gr.
3me Solution. — Eau. .... 100 cent. cub.
            Ammoniaque liq. pure 10 cent. cub.

On lave l'épreuve, puis on la fixe selon les méthodes ordinaires.

Par l'effet de son extrême concentration, le développateur ci-dessus fait apparaître instantanément l'image, dont cette même concentration a permis de réduire le temps de pose. Si l'on préfère un développement moins rapide, on n'a qu'à allonger d'un peu d'eau la solution formulée en premier lieu, celle au bromure, et de beaucoup d'eau le mélange des trois dernières ; dans ce cas il faudra se résigner à une pose plus longue.

Développement au fer. — De même que pour le développement alcalin, il y a deux manières différentes de procéder, suivant qu'on emploie la glace immédiatement ou qu'on la conserve humide moyennant un préservateur hygroscopique. Dans le premier cas, la glace, simplement lavée au sortir du bain d'argent dans une eau faiblement nitratée (2 pour 100 environ), est traitée, aussitôt après exposition à la lumière, par le bain de fer. Dans le second cas la glace, débarrassée par lavage du préservateur, après exposition, est recouverte

----

[1] Sauf à changer quelque peu la proportion, le cas échéant, comme on le sait d'ailleurs, suivant la nature des clichés à obtenir, ou suivant la température, etc. : l'acide pyrogallique donne des détails ; l'ammoniaque, de l'intensité ; le bromure de potassium supprime les voiles.

d'une solution faible de nitrate d'argent (toujours 2 p. 100 environ), mise à égoutter quelques instants, puis traitée par le bain de fer.

Chose importante à signaler, un bain de fer très-concentré (de 10 à 20 p. 100 par exemple), appliqué à des glaces fortement bromurées (sans iodure) et sensibilisées par un bain d'argent également très-concentré, tel que celui dont nous avons donné la formule, procure une abréviation de pose comparable à celle qu'on obtient, toutes choses égales, par le développement alcalin [1].

Tirage et achèvement des épreuves. — Le simple fixage à l'hyposulfite est suffisant pour débarrasser les clichés de la majeure partie de l'éosine, substance devenue inutile, ou même nuisible à cause de sa teinte rouge, qui ralentirait le tirage des positives. Pour enlever le restant de l'éosine, sauf une trace à peu près imperceptible dont il n'y a pas lieu de se préoccuper, nous nous bornons à un lavage à l'alcool des glaces une fois sèches.

Si les trois clichés d'un même sujet n'ont pas, à la suite de toutes ces opérations, une intensité sensiblement la même, on les égalise en renforçant les plus faibles par les méthodes ordinaires, notamment au moyen de l'acide pyrogallique et du nitrate d'argent.

§ 2. — Méthode sèche.

Dans la méthode sèche, les glaces à l'éosine, une fois sensibilisées, sont simplement lavées, ou bien elles sont, après ce lavage, recouvertes d'un préservateur. Nous avons essayé du tannin comme préservateur : il nous a réussi, tandis qu'il s'était montré incompatible avec l'aurine.

---

[1] Je n'ai trouvé consignée nulle part cette constatation, qu'il m'a été donné de faire un certain nombre de fois dans ces derniers temps. — L. D.

Les glaces sèches dont il s'agit, récemment préparées, sans addition de tannin, sont au moins aussi sensibles que les glaces humides recouvertes du préservateur hygroscopique dont nous avons donné plus haut la formule. Si l'on ajoute le tannin comme préservateur, on perd un peu de sensibilité, mais la conservation des glaces est de longue durée.

Il est vraisemblable qu'indépendamment du tannin, d'autres préparations, signalées dans ces derniers temps comme préservateurs rapides, peuvent être employées avec l'éosine.

Nous venons d'exposer en détail les opérations qui réalisent nos trois clichés héliochromiques. Elles ne sont possibles qu'à la condition d'employer aux trois poses dont il s'agit un appareil photographique sinon spécial, du moins muni d'organes spéciaux, dont la description va faire l'objet du chapitre suivant.

CHAPITRE III.

I. — Une triple chambre noire héliochromique, construite de manière à procurer tout à la fois, dans des dimensions quelconques, *l'identité linéaire de trois épreuves* d'un même sujet et *la simultanéité des trois impressions lumineuses*, n'a rien d'irréalisable. Nous avons nous-même indiqué, dans quelques-uns de nos écrits, les principes d'après lesquels pourrait être faite cette construction, et il existe d'autres moyens que nous proposerions également, s'il y avait lieu.

Toutefois, hâtons-nous de le dire, autant *la simultanéité* des épreuves était à rechercher lorsque deux des négatifs réclamaient une durée de pose considérable, autant elle devient, dans la plupart des cas, chose secondaire à mesure que le négatif de la lumière verte et celui de la lumière orangée s'obtiennent plus rapidement.

Et d'abord, pour ce qui est de la reproduction des tableaux, la question n'existe même pas. Il est bien manifeste que, si l'on ne déplace pas le tableau et si l'on a soin de le maintenir uniformément éclairé (ce qui n'est qu'une affaire de vitrage et de rideaux) pendant l'impression lumineuse de chacune des trois surfaces sensibles, on n'a aucun intérêt à faire simultanément les trois épreuves, et qu'il vaut bien mieux, tout au contraire, prendre son temps et fractionner le travail, afin de se réserver de recommencer non pas les trois clichés à la fois, mais celui-là seul, par exemple, des trois clichés qui se trouverait défectueux.

S'agit-il d'un paysage d'après nature ? Dès lors que les trois poses successives, étant fait usage d'un seul objectif, ne réclament qu'un total maximum d'environ huit minutes, la simultanéité n'est pas nécessaire ; car durant ce court intervalle de temps, le déplacement du soleil ne sera pas assez marqué pour produire d'appréciables changements dans l'éclairage des objets. Nous supposons, bien entendu, que l'opérateur ait choisi son jour : il est certain que si le ciel était chargé de gros nuages en mouvement, promenant leurs ombres sur une campagne, les trois empreintes héliochromiques ne pourraient être obtenues que par trois objectifs agissant à la fois.

Enfin, en ce qui concerne le portrait d'après nature, qu'importe qu'on prenne l'un après l'autre les trois clichés en faisant usage d'un seul objectif, si les trois poses additionnées n'excèdent pas notablement la durée d'une pose ordinaire ? On se demande vainement quel motif les gens photographiés dans ces conditions pourraient avoir de ce récrier. Craindrait-on qu'une certaine lassitude venant à se produire, sur la fin de l'opération, dans les traits du modèle vivant, cette lassitude ne déterminât, sur l'image synthétique, ou héliochromie, résultat de chacune des trois poses, plus d'altération que si l'image était le produit d'un seul cliché ? Cette crainte ne serait pas fondée ; car la succession des trois poses permet à l'opérateur de combattre bien plus efficacement que s'il s'agissait d'une pose unique, égale en longueur à ces trois poses réunies, les conséquences de cette fatigue ou prétendue fatigue des traits : il lui suffit à cet effet de commencer par les deux poses les plus courtes et de terminer par la plus longue, par celle du verre orangé ; s'il s'y prend de cette manière, l'altération finale qu'on suppose n'atteindrait qu'un cliché sur trois, de telle sorte que les deux autres clichés, dans l'image synthétique, rétabliraient la pureté des lignes et la vraie force des contours.

C'est pourquoi, tout en mentionnant pour mémoire les appareils qui permettent, le cas échéant, la simultanéité des trois impressions lumineuses [1], nous avons adopté et nous proposons d'adopter, pour ce qu'on peut appeler *l'héliochro-*

---

[1] Le plus élémentaire de ces appareils, c'est simplement une **chambre noire à trois objectifs, disposés triangulairement.** J'en fis faire une à mon usage, dès les premières années de mes recherches, me réservant de l'employer pour les sujets d'héliochromie susceptibles de se modifier pendant la pose : tel est, même aujourd'hui, après les grandes accélérations que j'ai conquises, un paysage où des nuages se meuvent avec leurs ombres, projetées sur les objets terrestres. Il faut, en pareil cas, pour réaliser exactement la simultanéité des trois impressions lumineuses, que les trois objectifs soient ouverts en même temps et fermés de même, ce qui ne devient possible qu'en les diaphragmant d'une manière inégale et suivant le degré d'activité des impressions lumineuses sur chacune des trois surfaces sensibles. Les diaphragmes dont je me suis servi étaient formés de deux fentes disposées en croix : de la sorte j'affaiblissais simplement l'éclairage, sans en changer la distribution d'une épreuve à l'autre. C'est qu'en effet un mince diaphragme de ce genre, à la différence d'un étroit diaphragme circulaire, qui détermine un éclairage égal de toutes les parties de l'image, laisse subsister sur l'épreuve à laquelle on l'emploie, la dégradation de lumière que présentent les bords de l'épreuve fournie par l'objectif moins diaphragmé. La triple chambre noire dont je parle ne peut être d'un bon usage que lorsque le modèle se trouve placé dans un certain éloignement, ou bien lorsque, plus rapproché, il ne présente aucun relief. Hors de ces deux cas, les différences stéréoscopiques se produiraient d'une épreuve à l'autre, et elles empêcheraient de faire coïncider les contours de tous les objets dans la superposition ultérieure des monochromes. Par suite, les trois objectifs doivent être, en principe, aussi rapprochés que possible les uns des autres, ce qui obligera en général à se contenter d'épreuves d'une dimension réduite. — L. D.

mie courante, une *chambre noire* à *un seul objectif*, munie soit d'un *châssis multiplicateur*, bon surtout pour le portrait, et qui donne *sur une même glace* trois épreuves consécutives, soit de trois châssis identiques, dont chacun contient l'une des trois glaces sensibles, et qu'il s'agit simplement de substituer l'un à l'autre sans perdre de temps.

II. — *Installation des verres analyseurs dans l'appareil photographique*. — Il y a deux manières de disposer les choses :

Ou bien les verres analyseurs seront réduits à la dimension et à la forme circulaire de l'objectif, — et alors il faut enchâsser chacun d'eux dans un tube ou anneau de métal, lequel s'emboîte et glisse librement dans la partie du tube de l'objectif comprise entre la lentille et l'extrémité extérieure de ce tube [1] ;

Ou bien ils seront de la grandeur des glaces sensibles, — et alors il faut les installer dans des rainures spéciales, pratiquées sur chacun des trois châssis, et qui doivent laisser entre chaque glace sensible et le verre de couleur dont elle est garnie un intervalle de deux millimètres environ.

De ces deux modes d'installation, c'est au premier que nous donnons la préférence. Dès qu'on veut en effet, à l'aide des vernis de couleur qui seront ci-après indiqués, créer des milieux colorés d'une grande étendue, tels que les nécessiterait une installation des susdits milieux à proximité des surfaces sensibles, il devient très-difficile d'obtenir une cou-

---

[1] L'anneau de métal en question peut, pour le simple amateur, se réaliser sous la forme de deux courts cylindres en *fer-blanc*, glissant l'un dans l'autre, et présentant chacun, à l'une de leurs extrémités, un rebord qui fait saillie à l'intérieur ; c'est entre ces deux rebords, coulissant l'un vers l'autre, que se loge le verre analyseur, découpé en rondelle. Il ne reste qu'à badigeonner de noir les surfaces du fer-blanc.

che de vernis parfaitement égale sur toute la superficie à recouvrir, cette couche ayant d'ordinaire plus d'intensité à mesure qu'elle se rapproche de l'angle d'écoulement. Au contraire, s'agit-il d'une surface limitée aux dimensions d'une simple rondelle de verre glissant dans le tube de l'objectif, l'homogénéité de la couche sera d'autant mieux obtenue que rien n'empêche de tailler les rondelles dans de larges surfaces colorées. D'ailleurs si, dans ce cas, la couche en question laissait à désirer sous le rapport de l'homogénéité, cette imperfection, grâce aux lois de l'optique, ne tirerait pas à conséquence, l'image de la chambre noire étant constituée, en chaque point, par des rayons qui convergent, non pas seulement d'une partie de la lentille, mais de toute la lentille : il se fait une moyenne dans les intensités.

Quelle que soit celle des deux méthodes que l'on adopte, voici, pour l'un ou l'autre cas, certains renseignements utiles :

En ce qui concerne le système des rondelles, il importe de noter que la place qui leur a été ci-dessus assignée et qui se trouve comprise entre l'objectif et la partie extérieure du tube de l'objectif, est bien la seule qui leur convienne : il faudrait se garder de les loger dans la partie de l'objectif tournée vers la glace sensible.

Pour substituer plus rapidement l'une à l'autre les trois rondelles, il y a une construction facile à exécuter, même pour un simple amateur : elle consiste à les établir sur la circonférence d'un disque noirci, dont les parties pleines alternent avec les vides occupés par les rondelles et forment des obturateurs, en nombre égal à celui des rondelles, le tout mobile sur un axe horizontal, et susceptible de tourner par un mouvement de la main devant l'objectif et en contact ou presque en contact avec son rebord extérieur. Cette construction sera utile surtout pour l'objectif à portrait.

Quant aux objectifs destinés à la prise des paysages,

tableaux, etc., nous n'avons pas eu besoin de recourir à ce perfectionnement : pourvu que chacun des trois tubes ou anneaux métalliques porteurs des rondelles glisse sans effort dans la partie antérieure de l'objectif, il ne faut pas grand temps pour opérer à la main, la substitution d'un anneau à l'autre, au fur et à mesure des trois poses successives.

Dans le système des verres analyseurs placés à proximité de la surface sensible, cette position ayant pour conséquence de changer légèrement le foyer, il importe que ce même changement ait lieu sur le verre dépoli qui sert à la mise au point : à cet effet, il faut adapter au châssis porteur de ce verre dépoli, et en contact ou presque en contact avec le verre dépoli, un verre incolore d'une épaisseur égale à celle du verre de couleur adapté à chacun des châssis qui doivent prendre la place du châssis dont il s'agit. Bien entendu, les verres de couleur doivent eux-mêmes ne pas trop différer d'épaisseur[1].

III. — *Fabrication des trois sortes de verres analyseurs ou milieux colorés.*— Il est à peu près impossible de trouver dans les dépôts de verres de couleur les mieux approvisionnés, nos trois sortes de verres héliochromiques réunissant à l'avantage de la nuance voulue celui d'être exempts de défauts tels que bulles, stries, ondulations, etc. C'ets pourquoi nous avons dû chercher et nous avons trouvé un

---

[1] Avant la découverte que j'ai faite, dans ces derniers temps, des propriétés héliochromiques du *Collodion bromuré à l'Eosine*, qui ont été décrites au Chap. III, je me servais du collodion à *l'aurine*, qui n'admet pas les préservateurs hygroscopiques. Je n'avais dès lors d'autre moyen de maintenir à l'état humide, en été, mes glaces sensibles que le système des verres de couleur installés, comme il vient d'être dit, à proximité de la surface collodionnée. Aujourd'hui qu'il m'est permis d'employer les préservateurs hygroscopiques, j'ai renoncé à ce mode d'installation des verres de couleur, tout au moins pour les épreuves de grande ou de moyenne dimension. — L. D.

autre moyen de produire les trois milieux colorés : ce moyen consiste à faire usage de vernis de couleur étendus sur des glaces, et que l'on pourrait en détacher, le cas échéant, à l'état pelliculaire.

Les couleurs d'aniline, dissoutes dans le *vernis blanc* de la maison Sœhnée (rue des Filles-du-Calvaire, 19), désigné par la lettre A, et au surplus les vernis de couleur, tout préparés à l'avance, que fournit cette maison, sont susceptibles de se mêler entr'eux et de donner une grande variété de nuances d'une transparence irréprochable. Pour obtenir sur une glace une couche régulière d'un de ces vernis, il est bon de la recouvrir, au préalable, d'une couche de collodion normal ; préparée de la sorte, on la chauffe modérément et on y étend, à la manière du collodion, le vernis de couleur, amené, s'il le faut, au degré de fluidité convenable par l'addition d'un peu d'alcool. Une fois que l'excès de liquide s'est parfaitement égoutté et avant que la couche ait eu le temps de prendre l'aspect dépoli, on promène la glace à une certaine hauteur au-dessus du réchaud en la tenant bien horizontale, la couche colorée en dessus. Ainsi séchée, la couche devient parfaitement transparente.

Fabrication spéciale, dans le cas où l'on emploie le système des rondelles. — Si l'on adopte, pour constituer les milieux colorés, le système des rondelles plus haut expliqué, nous devons avertir que de simples verres ne suffisent pas : l'épreuve deviendrait trouble par le défaut de planimétrie des surfaces ; les glaces seules peuvent servir. En outre, comme la couche de vernis coloré, quelque soin qu'on y mette, présente elle-même des rugosités, des ondulations assez fréquentes qui troubleraient plus ou moins les images, nous avons dû imaginer la disposition suivante :

On se procure deux glaces, et, s'il est possible, deux glaces à faces rigoureusement parallèles ; on étend le vernis de couleur sur l'une des faces de l'une d'elles ou sur l'une

des faces de chacune d'elles, suivant qu'une seule couche
ou deux couches sont nécessaires; puis on taille lesdites
glaces en rondelles, et enfin on réunit ensemble ces deux
rondelles au moyen de baume du Canada, en emprisonnant
dans cet encollage la couche ou les deux couches de vernis
coloré. De la sorte, les ondulations, d'ailleurs imperceptibles,
et les rides à peine apparentes du vernis sont comblées ;
le tout est comme un disque de cristal absolument homo-
gène. On peut utiliser de la même manière un verre
coloré du commerce, c'est-à-dire en l'emprisonnant, par du
baume du Canada, entre deux glaces, le tout découpé en
rondelles [1].

L'emploi du baume du Canada, pour unir l'une à l'autre,
en comblant leurs moindres interstices, les surfaces dont
nous nous occupons, demande un tour de main qu'on nous
saura gré d'indiquer et qui rend la chose accessible aux
simples amateurs : — On verse une certaine quantité de ce
baume vers le centre de l'une des rondelles, tenue horizontalement ; on applique au-dessus la seconde rondelle, et on
les presse légèrement l'une contre l'autre en les faisant
osciller et tourner un certain temps : on voit alors le baume
s'étendre dans tout l'espace des deux surfaces où il se trouve
enfermé, et finir même par déborder ; les bulles nombreuses
qui s'étaient formées au premier moment disparaissent peu
à peu, chassées qu'elles sont vers la circonférence des rondelles par le mouvement oscillatoire et giratoire dont il
s'agit. — En cet état, on place le double disque de cristal,
ainsi obtenu, sur un socle ou support horizontal quelconque,
tel qu'un verre à boire, une boite ronde, etc., d'un
pourtour moins large que la circonférence du disque, et on

---

[1] A la séance du 7 juillet 1876 de la Société Française de Photographie,
M. Klerjot présenta, au nom de M. Louis Ducos du Hauron, inventeur de ce
système de rondelles, des spécimens exécutés par M. Klerjot, et enchâssés
dans des tubes de cuivre fournis par M. Fleury-Hermagis.

pince les bords de celui-ci par trois ou quatre épingles américaines [1], d'abord pour chasser par la pression l'excès de baume, puis pour empêcher les rondelles, qui ne sont que faiblement collées, de glisser l'une sur l'autre pendant les opérations finales. Ces opérations consistent : 1° à enlever au couteau les bavures que la pression a fait sortir par la tranche, et à nettoyer à l'aide d'un chiffon imbibé d'alcool les faces extérieures du disque, plus ou moins envahies par le baume ; 2° à former, par une série de bandelettes de papier ou d'étoffe, appliquées au moyen de colle de farine, une bordure qui relie et maintienne, invariablement soudées l'une à l'autre, les rondelles ; car le baume du Canada (à moins d'être employé à chaud, ce qui rendrait les manipulations plus difficiles pour le simple amateur) n'a ici d'autre destination que de former une continuité de matière transparente d'une rondelle à l'autre ; quant à constituer un collage, une soudure entr'elles, il ne le pourrait qu'à la condition de sécher, ce qui exige un temps considérable et illimité.

Fabrication spéciale, dans le cas où l'on ne fait pas usage de rondelles. — Si, au lieu de rondelles, on veut se servir de milieux colorés établis à promixité de la surface sensible, les légères aspérités ou ondulations de la couche de vernis ne tirent plus à conséquence. Les glaces ne sont plus indispensables : de simples verres, de bonne qualité, suffisent. Ils peuvent même être remplacés par des pellicules de gélatine colorée, qu'il est aisé d'obtenir de la manière suivante :

On cire préalablement soit une glace, soit un verre ; on collodionne cette surface (collodion normal) ; puis on y étend une solution modérément chauffée de gélatine (10 p. 100) ; on traite celle-ci par un bain d'alun (2 p. 100), puis par un

---

[1] Placer *à la fois* les deux premières, en face l'une de l'autre.

bain d'eau de pluie. La gélatine une fois sèche, on étend la couche de vernis. Si la coloration obtenue de la sorte n'a pas l'intensité nécessaire, ou bien si l'on veut modifier la nuance par la superposition d'un autre vernis, il faut bien se garder de verser directement la seconde couche de vernis sur la première ; celle-ci serait en partie entraînée. On établit donc sur la première couche, une fois qu'elle est bien consolidée, un nouvel étage de gélatine, en vidant tout l'excès et laissant sécher verticalement la glace. Il ne reste qu'une épaisseur imperceptible de gélatine qui sèche très-vite, et sur laquelle on verse sans accident la seconde couche de vernis. On peut superposer ainsi, par une alternative de gélatine et de vernis, autant de couches qu'on le désire, en ayant soin de changer les angles d'écoulement. Le tout se sépare aisément du verre, à l'état pelliculaire, quand on attaque les bords avec un canif.

IV. — *Nuances exactes des trois verres analyseurs ou milieux colorés.*

1. Nuance du verre orangé

Comme on le verra, nous obtenons cette nuance par la superposition de deux surfaces, l'une rouge, l'autre jaune.

Pour l'appréciation intelligente du degré d'intensité qu'il convient de donner à chacune de cès deux couleurs, quelques mots de théorie doivent précéder l'exposé des moyens pratiques de les obtenir :

Quel est le but qu'on se propose en constituant ce milieu coloré ? C'est non-seulement d'intercepter le bleu en ne recevant que l'orangé, mais encore d'intercepter les nuances qui, partant de l'orangé, se rapprochent du bleu soit en passant par le jaune et le vert, soit en passant par le rouge et le violet, et de les intercepter dans la proportion de leur tonalité bleue.

Or, ce but sera atteint si le verre rouge a **assez** d'intensité pour intercepter les rayons jaunes et les rayons verts transmis par le verre jaune, et si le verre jaune a assez d'intensité pour intercepter les rayons rouges et les rayons violets transmis par le verre rouge : si cette double circonstance est réalisée, il ne passera sensiblement à travers ce double milieu que la lumière orangée, c'est-à-dire le groupe restreint de rayons qui occupent dans le spectre ce qu'on appelle la région orangée.

Par suite, tous les objets qui émettent l'orangé seront représentés, mais dans des proportions différentes, suivant que la nuance de ces objets, qui va de l'orangé au violet en passant par le rouge ou de l'orangé au vert en passant par le jaune, reste plus ou moins éloignée de la tonalité du bleu. S'ils sont simplement orangés, l'empreinte sera énergique ; s'ils sont rouges, elle le sera un peu moins, l'orangé que contient ce rouge se trouvant en moindre quantité ; s'ils sont violets, elle sera presque nulle ; s'ils sont jaunes, ils formeront une empreinte à peu près aussi puissante que celle des objets orangés, parce que les objets jaunes émettent l'orangé en grande quantité ; s'ils sont verts, l'empreinte, bien qu'affaiblie, ne laissera pas que d'avoir une certaine vigueur, à cause des quelques rayons orangés qu'ils émettent ; enfin, s'ils sont bleus, l'empreinte sera nulle ou presque nulle.

Telle sera, à travers le double milieu dont il s'agit, la représentation proportionnelle des objets orangés, rouges, violets, jaunes, verts ou bleus, mais à une condition, c'est que la préparation sensible qui fournit l'image n'ait pas un maximum de sensibilité dans une région du spectre située trop près d'une des limites du groupe de rayons que laisse passer le verre orangé. Si ce maximum se trouvait, par exemple, dans la région rouge (c'est ce qui arrive pour le collodion à la chlorophylle), comme le verre orangé laisse passer partie des rayons rouges, voisins de l'orangé dans le spectre, l'empreinte des objets rouges serait trop forte par rapport à celle des objets orangés, et c'est à peine si l'on y remédierait en employant un verre coloré dont la nuance tirerait tout à fait sur le jaune. Si au contraire ce maximum se trouvait dans la région jaune, comme un verre orangé laisse passer partie des rayons jaunes, voisins de l'orangé dans le spectre, il serait indispensable de recourir à un verre d'un orangé plus rouge que jaune.

D'après ces explications, on comprend que les intensités de rouge et de jaune qui vont être définies sont subordonnées à l'usage, non point d'un collodion héliochromique quelconque, mais d'un collodion déterminé, c'est-à-dire du *collodion bromuré à l'éosine*, que nous adoptons et dont nous avons formulé la préparation et le mode d'emploi.

Voici donc, étant donné le collodion bromuré à l'éosine, comment s'obtiennent, avec la nuance et l'intensité convenables, les deux surfaces, l'une rouge, l'autre jaune, dont la superposition procurera le résultat voulu.

Surface rouge. — On l'obtiendra par une couche unique du vernis dit *rose cochenille* (maison Sœhnée), étendue et séchée comme il a été dit plus haut[1].

Surface jaune. — On l'obtiendra par une couche unique du vernis dit *jaune maïs* (on pourrait se servir également d'une solution de coralline jaune dans de l'alcool à 40°, contenant de **20** à **25** p. **100** de benjoin et **8** ou **10** p. **100** d'essence de lavande).

Le mélange moléculaire de ces deux vernis ne donnerait pas une couleur aussi belle que leur superposition [2].

---

[1] Il est probable qu'on arriverait au même résultat par une solution de fuschine dans de l'alcool à 40°, contenant de 20 à 25 p. 100 de benjoin et 8 ou 10 p. 100 d'essence de lavande.

[2] Si l'on se sert de rondelles, la couche de vernis rouge est étendue d'un côté de l'une des deux glaces, et la couche de vernis jaune d'un côté de l'autre glace ; les deux glaces sont ensuite taillées en rondelles, puis réunies et collées l'une à l'autre, par leur côté verni, à l'aide de baume du Canada.

Le *moyen expérimental* de reconnaître à première vue, sans recourir à des épreuves sorties de la chambre noire, si le milieu orangé constitué par la superposition de ces deux vernis offre *une suffisante intensité*, c'est de regarder au travers une surface d'un beau bleu : il faut qu'elle paraisse noire ou gris foncé, et qu'elle soit exempte de toute coloration verte ou violette. — Si elle paraissait verte, c'est que l'élément rouge n'aurait pas assez d'intensité ; si elle paraissait violette, c'est que l'élément jaune n'en aurait pas assez.

Avec l'emploi de l'éosine, un milieu orangé tirant sur le rouge est plus sûr que s'il tirait sur le jaune.

2. Nuance du verre de couleur verte.

Elle peut être obtenue, comme on le verra, par le mélange moléculaire ou par la superposition de l'élément jaune et de l'élément bleu.

Pour ce second milieu, nous croyons devoir, ainsi que nous l'avons fait à propos du milieu orangé, adresser un appel au raisonnement du lecteur avant de lui signaler les moyens d'exécution matérielle.

Quelle est la destination du verre de couleur verte ? C'est non-seulement d'intercepter le rouge en ne recevant que le vert, mais encore d'intercepter les nuances qui, partant du vert, se rapprochent du rouge soit en passant par le jaune et l'orangé, soit en passant par le bleu et le violet, et de les intercepter dans la proportion de leur tonalité rouge.

Or, ce but sera atteint si le milieu jaune a assez d'intensité pour intercepter les rayons bleus et les rayons violets transmis par le milieu bleu, et si ce dernier milieu a assez d'intensité pour intercepter les rayons jaunes et les rayons orangés transmis par le milieu jaune : si cette double circonstance est réalisée, il ne passera sensiblement à travers ce double milieu que la lumière verte, c'est-à-dire le groupe de rayons qui occupent dans le spectre ce qu'on appelle la région verte.

Par suite, tous les objets qui émettent le vert seront représentés, mais dans des proportions différentes, suivant que la nuance de ces objets, qui va du vert à l'orangé en passant par le jaune ou du vert au violet en passant par le bleu, reste plus ou moins éloignée de la tonalité du rouge. S'ils sont simplement verts, l'empreinte sera énergique ; s'ils sont jaunes, elle le sera à peu près autant à raison de la grande quantité de rayons verts qu'émettent les objets jaunes ; s'ils sont orangés, elle sera faible sans être nulle, les objets verts émettant toujours un peu d'orangé ; s'ils sont bleus, ils formeront une empreinte à peu près aussi puissante que celle des objets verts, parce que les objets bleus émettent le vert en grande quantité; s'ils sont violets, l'empreinte sera médiocre ; enfin, s'ils sont rouges, elle sera nulle ou presque nulle.

Telle sera, à travers le double milieu coloré dont il s'agit, la représentation proportionnelle des objets verts, jaunes, orangés, bleus, violets ou rouges, mais à une condition, c'est que la préparation sensible qui fournit l'image n'ait pas un maximum de sensibilité dans une région du spectre située trop près des limites du groupe de rayons que laisse passer le milieu vert. Si ce maximum se trouvait dans la région jaune, comme le milieu vert laisse passer partie des rayons jaunes, voisins du vert dans le spectre, il faudrait, pour contrarier ce passage, donner au milieu vert une nuance plus voisine du bleu que du jaune. En renversant les termes de cette proposition, on voit que, pour une préparation trop médiocrement sensible au vert eu égard à sa sensibilité au bleu, il faudrait recourir à un milieu vert dont la nuance se rapprocherait plus du jaune que du bleu.

D'après ces explications, il va de soi que les intensités de jaune et de bleu qui vont être définies sont subordonnées à l'emploi, non point d'un collodion héliochromique quelconque, mais d'un collodion déterminé, c'est-à-dire du *collodion bromuré à l'éosine*.

Or, étant donné le collodion bromuré à l'éosine, une assez grande latitude est laissée pour ce qui est des intensités de ce jaune et de ce bleu, et par conséquent pour la nuance du vert formé de ce jaune et de ce bleu. Cette latitude vient de ce que l'éosine agit, pour l'empreinte de la lumière verte, en vertu de certaines bandes d'absorption qui correspondent à des rayons toujours compris parmi ceux que laissent passer les milieux verts, quelle que soit la variété de ceux-ci.

En conséquence, il s'agit, dans la pratique, de constituer simplement *un milieu vert, sans trop se préoccuper de la nuance.*

Les deux surfaces, l'une jaune, l'autre bleue, dont la superposition procurera le résultat voulu, s'obtiennent, avec l'intensité et la nuance convenables, au moyen des vernis suivants :

Surface jaune. — On l'obtiendra par une couche unique du vernis dit *jaune maïs* (on pourrait se servir également d'une solution de coralline jaune dans de l'alcool à 40°, contenant de 20 à 25 p. 100 de benjoin et 8 ou 10 p. 100 d'essence de lavande).

Surface bleue. — On l'obtiendra en mêlant à du vernis *blanc* une très-petite quantité de vernis *bleu lumière*.

On peut également former le milieu dont il s'agit par un mélange, dans un même flacon, du vernis *jaune maïs* et du vernis *vert Metternich*. Au lieu de mélanger ces deux vernis, on peut aussi les étendre en deux couches distinctes[1].

---

[1] Si l'on se sert de rondelles, la couche de vernis jaune, d'une part, et la couche de vernis bleu lumière, ou de vert Metternich, de l'autre, ou bien encore les deux couches du vernis mélangé jaune maïs et vert Metternich, sont versées chacune sur l'une des faces de l'une des deux glaces, que l'on

Nous avons dit, au sujet de la nuance du *milieu orangé*,
que le moyen expérimental de reconnaitre, *à priori*, si ce
milieu a une intensité suffisante, se réduit à constater si,
vue à travers, une surface bleue parait noire ou grise, sans
traces de bleu. Une assimilation assez naturelle, ce semble,
conduirait à penser qu'il en est de même du milieu *vert* par
rapport à une surface *rouge*, et que le moyen expérimental de
reconnaitre, sans recourir à la formation d'aucune épreuve,
si ce milieu est suffisamment intense, consisterait à s'assurer
que, vue à travers, une surface rouge parait noire ou
grise. Eh bien, cette assimilation n'est pas exacte, et cette
expérience serait trompeuse. Pour que le milieu vert ait une
intensité suffisante, il n'est nullement nécessaire que, par
l'effet de ce milieu, les objets rouges perdent complètement
leur aspect rouge. En effet, beaucoup de milieux verts
(notamment ceux qui s'obtiennent par les vernis dont il vient
d'être parlé) laissent toujours passer, quelque intensité qu'on
leur donne, une petite quantité de rayons rouges, de telle
sorte que, vus à travers, les objets rouges paraissent simplement assombris. Il n'en est pas moins vrai qu'un milieu de
cette espèce sera excellent, et voici pourquoi : — Les rayons
rouges, fussent-ils en même quantité que les rayons verts,
auraient à peine le temps de former, à travers ce milieu, une
faible empreinte sur *le collodion bromuré à l'éosine* pendant
que les rayons verts s'y imprimeraient vigoureusement; dès
lors on comprend que, dans le même cas, les rayons rouges,
s'ils sont réduits à une très faible quantité, ne formeront
qu'une empreinte nulle où à peu près nulle pendant la durée
de pose qui aura suffi à la formation d'une énergique empreinte de la lumière verte.

---

taillera ensuite en rondelles : la face ainsi garnie de l'une des rondelles sera
collée, à l'aide de baume du Canada, à la face ainsi garnie de l'autre
rondelle.

3. Nuance du verre violet.

Elle résultera du mélange de l'élément bleu et de l'élément rouge.

Ici, comme pour les deux autres milieux, avant que nous indiquions les moyens matériels de réaliser la nuance voulue, on nous saura gré de la déterminer, tout d'abord, par le raisonnement.

De quoi s'agit-il dans la création de ce milieu violet ? Il s'agit non-seulement d'intercepter le jaune en ne recevant que le violet, mais encore d'intercepter les nuances qui, partant du violet, se rapprochent du jaune, soit en passant par le bleu et le vert, soit en passant par le rouge et l'orangé, et de les intercepter dans la proportion de leur tonalité jaune.

Or, ce but sera atteint si le milieu bleu a assez d'intensité pour intercepter les rayons rouges et les rayons orangés transmis par le milieu rouge, et si ce dernier milieu a assez d'intensité pour intercepter les rayons bleus et les rayons verts transmis par le milieu bleu : si cette double circonstance est réalisée, il ne passera à peu près à travers ce double milieu que la lumière violette, c'est-à-dire le large groupe de rayons qui, dans le spectre, s'étend de l'indigo et même de plus loin jusqu'au violet extrême.

Par suite, tous les objets qui émettent le violet seront représentés, mais dans des proportions différentes, suivant que la nuance de ces objets, qui va du violet au vert en passant par le bleu ou du violet à l'orangé en passant par le rouge, reste plus ou moins éloignée de la tonalité du jaune. S'ils sont simplement violets, l'empreinte sera énergique ; s'ils sont bleus, elle le sera au même degré, parce que les objets bleus émettent beaucoup de lumière violette ; s'ils sont verts, elle sera nulle ou à peu près nulle, parce que les objets verts n'émettent généralement pas ou presque pas de rayons violets ; s'ils sont rouges, ils s'imprimeront plus ou moins suivant la variété du rouge, le vrai rouge, c'est-à-dire le carmin, émettant une notable quantité de lumière violette, tandis que tel autre rouge, le vermillon, par exemple, qui est un peu orangé, n'en émet presque pas ; s'ils sont orangés ou jaunes, il n'y aura pour ainsi dire pas d'empreinte.

Telle sera, à travers le double milieu qui nous occupe, la représentation proportionnelle des objets violets, bleus, verts, rouges, orangés ou jaunes, mais à une condition, c'est que la préparation sensible qui fournit l'image n'ait pas un maximum de sensibilité dans une région du spectre située trop près d'une des limites du groupe de rayons que laisse passer le milieu violet. Si ce maximum se trouvait dans la région bleue, comme le milieu violet laisse passer partie des rayons bleus, voisins du violet dans le spectre, il faudrait, pour contrarier ce passage, former un violet se rapprochant davantage du rouge. Au contraire, si ce maximum existait, par hypothèse, à l'extrémité du violet ou même dans la région ultra-violette, il faudrait, pour remédier à cet état de choses, faire prédominer l'élément bleu dans la formation du violet.

Par suite, il est aisé de comprendre que les intensités de bleu et de rouge qui vont être définies, sont subordonnées à l'emploi, non pas d'un collodion héliochromique quelconque, mais d'un collodion déterminé, c'est-à-dire du *collodion bromuré à l'éosine*.

Or, étant donné le collodion bromuré à l'éosine, il en est du milieu violet comme du milieu vert: une assez grande latitude est laissée pour les intensités respectives des deux couleurs composantes, le bleu et le rouge, et, par suite, pour la nuance de violet qui les résume. Ce violet pourra être, sans modification appréciable des résultats, ou franchement violet ou d'un bleu violacé.

Cette latitude vient probablement de ce que le maximum de sensibilité du collodion dont il s'agit, dans la région du spectre qui comprend le bleu, l'indigo et le violet, occupe une position telle, que les rayons correspondants sont contenus tout à la fois et avec la même abondance dans le groupe de rayons que laisse passer un verre bleu violacé et dans le groupe de rayons que laisse passer un verre franchement violet.

En conséquence, dans la pratique, tout se réduit à constituer simplement *un verre bleu tirant plus ou moins sur le rouge*. Toutefois nous prévenons qu'il faudrait se méfier de certains verres violets livrés par le commerce, et à travers lesquels les objets verts conservent en partie leur coloration verte. Cet inconvénient n'a plus lieu si c'est au moyen de vernis qu'a été obtenu le milieu violet.

Le vernis *violet pensée* de la maison Sœhnée, étendu en une couche unique, fournit la coloration voulue [1].

Le milieu violet ayant pour destination d'intercepter les rayons jaunes, de même que le milieu orangé avait celle d'intercepter les bleus et le milieu vert les rouges, il semblerait assez naturel, pour reconnaitre expérimentalement et à *priori* si tel ou tel milieu violet est suffisamment intense, de faire un examen analogue à celui que nous avons indiqué pour l'appréciation du degré d'intensité du milieu orangé, c'est-à-dire de vérifier si, vue à travers ce milieu violet, une surface jaune parait noire ou grise. Mais il arrive ici ce que nous avons signalé pour le milieu vert, à savoir, que l'on peut impunément, dans la formation du milieu violet, comme dans la formation du milieu vert, demeurer bien en deçà du degré d'intensité qui éteindrait pour l'œil la couleur qu'il

---

[1] Il peut arriver, à raison de l'extrême sensibilité du collodion bromuré à l'éosine pour la lumière violette, qu'on ait intérêt à retarder la formation du négatif héliochromique fourni par cette lumière, notamment si l'on opère pour le portrait avec un objectif sans diaphragme. Dans ce cas, rien n'empêche de former deux couches du vernis violet dont il s'agit. Si l'on se sert de rondelles, l'une de ces deux couches est étendue d'un côté de l'une des deux glaces, et l'autre couche d'un côté de la seconde glace ; les deux glaces sont ensuite taillées en rondelles, puis unies l'une à l'autre à l'aide de baume du Canada, par leur côté verni.

s'agit d'intercepter photographiquement. En d'autres termes, un milieu violet sera excellent, moyennant l'emploi du collodion bromuré à l'éosine, quand même, vue à travers, une surface jaune paraitrait, suivant la nature du milieu violet, ou d'un jaune sombre ou d'un rouge magnifique ; cette dernière nuance est produite par le passage, dans certains milieux violets[1], d'une notable quantité de rayons rouges contenus dans le groupe nombreux de rayons émis par les objets jaunes. — Comment expliquer qu'une notable quantité de rayons rouges émis par les objets jaunes, puisse, impunément pour le négatif de la lumière violette, traverser de la sorte le milieu violet, dont le but est d'intercepter la lumière émise pour les objets jaunes ? L'explication est analogue à celle que nous avons fournie à propos du milieu vert. Elle consiste à dire que ces rayons rouges n'ont qu'une action nulle ou presque nulle sur la surface sensible, bromure d'argent mélangé d'éosine, si on les compare aux rayons de la région violette, et que dans la durée de pose qui suffit à ceux-ci pour produire leur empreinte, ceux-là n'ont pas le temps de faire la leur.

Conclusion pratique à tirer du triple exposé qui précède. — Cette conclusion, fort encourageante pour les opérateurs qui voudront aborder l'Héliochromie, peut se résumer dans une proposition, fausse et paradoxale pour quiconque ne nous aurait pas suivis de près dans les descriptions des trois verres analyseurs. Cette proposition consiste en ce que, bien loin d'être soumises à des lois d'une rigueur mathématique et par conséquent d'une observation très-difficile ou même irréalisable, les trois nuances de milieux colorés, tout au moins deux d'entre'elles, admettent, moyennant l'emploi de la préparation sensible dont nous avons fait choix, une grande variété, qui va jusqu'à l'arbi-

---

[1] Tel est le milieu violet dont nous donnons la formule.

traire, et qui constitue une garantie inespérée de succès. En d'autres termes, le collodion bromuré à l'éosine, pour donner les trois vraies empreintes, n'a pas besoin qu'un triage savant et complet des rayons lumineux lui envoie par trois fois, à l'exclusion de tous autres rayons, ceux qui doivent concourir à l'image qu'on attend de lui : un triage approximatif lui suffit, il se charge de le parachever, c'est-à-dire de tenir pour non-avenus les rayons qui sont de trop et de ne tenir compte que des rayons utiles. Il y a, dans l'opération qui s'accomplit, quelque chose qui ressemble au travail de deux tamis, l'un grossier, c'est le milieu coloré, et l'autre fin, c'est l'Eosine.

Dans l'hypothèse où la Chimie découvrirait trois préparations qui, n'étant sensibles, l'une qu'à la lumière orangée, l'autre qu'à la lumière verte, la troisième qu'à la lumière violette (cette troisième existe déjà), donneraient par conséquent, sans le secours de nos trois milieux analyseurs, les trois empreintes héliochromiques, cette découverte n'offrirait aucun avantage pour notre système. L'opérateur se verrait forcé, en effet, d'employer pour chaque sujet trois préparations différentes, ce qui apporterait dans le travail la plus fâcheuse des complications.

CHAPITRE IV.

I. — Il existe, dans l'état actuel de l'art photographique, d'assez nombreux moyens de produire par la lumière des épreuves positives, soit jaunes, soit bleues, soit rouges, douées de transparence : il n'y a donc, du moins en principe, qu'à utiliser les méthodes de tirage dont il s'agit pour former, par l'intermédiaire de nos trois clichés héliochromiques, les trois monochromes d'une héliochromie, et à superposer ces trois monochromes.

Parmi ces méthodes, nous avons déjà cité celle qui est fondée sur les insolubilités des gélatines bichromatées frappées par la lumière, autrement dit le Procédé au Charbon ; la Photoglyptie, qui est un procédé similaire, puisqu'il traduit par des inégalités d'épaisseur de gélatine, de même que le procédé au charbon, les noirs et les clairs d'un négatif ; les impressions aux encres grasses ; les modes de tirage employés pour les vitrifications ou émaux photographiques ; les virages en couleur d'épreuves aux sels d'argent, etc.

Au milieu de cette variété de moyens, les tirages par le Procédé au Charbon nous ont paru, jusqu'à ce jour, mériter la préférence.

Ils la justifient en effet, d'abord parce qu'ils permettent de choisir et d'employer, avec une entière liberté et sans user de transaction en présence de difficultés chimiques ou au - tres, la vraie nuance-type de chacune des trois couleurs cardinales, et ensuite parce qu'ils traduisent avec une grande richesse de demi-teintes, fondues et dégradées jusqu'au blanc pur, le travail de la lumière, à la différence, par exemple, des tirages aux encres grasses, qui jusqu'à ce jour, à de bien rares exceptions près, sont demeurés impuissants à reproduire sûrement les dernières demi-teintes du modèle : en fait de tirages ordinaires, cette impuissance peut n'être qu'une simple imperfection, la cause d'un *desideratum* ; mais dès qu'il s'agit d'une peinture photographique dont chaque teinte, ou foncée, ou claire, est le résultat de trois couleurs superposées, on comprend que pour peu que l'une de ces trois couleurs ait refusé d'accentuer toute sa valeur relative, pour peu qu'elle ait été *mangée* par suite de défectuosités dans le travail mécanique de l'impression, l'équilibre se trouve rompu, et que dès lors une coloration altérée se substitue à celle dont le soleil avait dosé les éléments.

La Photographie au Charbon, d'abord accueillie avec froideur et scepticisme en France, dont elle était cependant originaire, a fini par y conquérir de haute lutte ses droits de cité. Elle est entrée aujourd'hui dans la pratique de la plupart des ateliers : les difficultés, en apparence insurmontables, qu'elle avait présentées dans les commencements, se sont aplanies l'une après l'autre par la création de produits manufacturés spéciaux et aussi par des simplifications et d'ingénieux tours de main, les uns consignés dans les livres, les autres à l'état de simple initiation et variant d'un atelier à l'autre. Si ce mode d'impression par la lumière est inférieur à plusieurs autres comme rapidité de tirage, en revanche il les dépasse probablement presque touspar la beauté et la valeur des résultats.

A tous ces différents titres, nous nous sommes attaché, dès les débuts de nos travaux, à une étude particulière du *Charbon appliqué* à l'*Héliochromie*.

Indépendamment des difficultés inhérentes à la pratique ordinaire du procédé, il fallait vaincre, par une série d'inventions de détail, les obstacles mécaniques, en réalité considérables, qu'opposait tout d'abord, à s'en tenir aux moyens habituels, la superposition, l'unification de nos trois monochromes. Nous avons, à plusieurs reprises, publié à ce sujet les résultats de nos recherches progressives, qui se sont poursuivies, comme toutes les autres, pendant une douzaine d'années. Les méthodes qu'on va lire sont presque en entier nouvelles et inédites. Elles permettent d'opérer dans des conditions très-sérieuses de réussite.

II. — *Fabrication des trois papiers mixtionnés héliochromiques; substances et dosages :* — Le *carmin*, le *bleu de Prusse*, le *jaune d'or* sont les trois pigments dont nous avons fait choix. Il s'est rencontré, et c'est là une heureuse fortune pour l'Héliochromie, que ces trois couleurs, douées toutes les trois de solidité, et deux sur trois d'une irréprochable transparence, fournissent justement les trois types dont le mélange optique produit l'infinie variété des nuances de la nature. Nous ne reviendrons pas ici sur ce qui a été dit, dans notre Exposé Général du Système, de la valeur scientifique de ces trois types, adoptés une fois pour toutes et reconnus exacts pour tous les sujets.

Nous supposerons, dans les descriptions qui vont suivre, le lecteur quelque peu initié déjà, tout au moins par des explications sommaires, aux détails de la Photographie au Charbon. Nous nous croyons donc dispensés de lui donner, par exemple, une définition du *papier mixtionné*, et nous abordons immédiatement l'exposé du mode de fabrication de nos trois papiers spéciaux.

Assurément l'Industrie se chargera de les fournir tout fabriqués aux ateliers ; mais il importe que l'amateur puisse, si bon lui semble, obtenir lui-même ces trois sortes de produits, et que l'Industrie elle-même, ainsi que la Science, trouve consignés dans ce traité les principes de cette fabrication, et surtout les proportions de gélatine et de matière colorante qu'une longue expérience nous a fait adopter.

La manière de *mixtionner les papiers* étant la même, qu'il s'agisse de la mixtion rouge, de la bleue ou de la jaune, il n'y a de distinctions à établir, quant à la fabrication dont nous nous occupons, qu'entre les trois mixtions. Nous allons donc en donner séparément les formules, et la méthode que nous décrirons ensuite pour mixtionner soi-même les papiers, s'appliquera indistinctement en ce qui concerne chacune des mixtions dont il s'agit.

1° *Mixtion carminée*. — Pour cette mixtion comme pour les deux autres, les quantités de gélatine et de matière colorante qu'on veut faire entrer dans la préparation, dépendent exactement de la superficie de papier qu'il s'agit de recouvrir : en d'autres termes, l'*épaisseur de la couche de gélatine colorée* n'a jamais rien d'arbitraire, elle doit être invariablement la même pour tous les papiers mixtionnés d'une même couleur. Avant donc d'entreprendre le travail, il faudra toujours se rendre compte et de la dimension et du nombre des surfaces à garnir, et déterminer d'après cette donnée : 1° *le poids de la gélatine* et *le poids de la couleur*, qui doivent être invariables, l'un par rapport à l'autre ; 2° *le volume de l'eau* où l'on fera fondre et la gélatine et la couleur, lequel volume peut varier suivant la température.

Soit à recouvrir 10 feuilles de papier et sur chacune d'elles une surface de 30 centimètres de large sur 40 de long 30 $\times$ 40), c'est-à-dire, en tout, 10 fois 1,200 centimètres carrés.

Le poids de carmin (carmin en poudre, et, de préférence , carmin dit *nacarat*) qui convient pour cette superficie totale est de 3 grammes ; le poids de gélatine (il faut une gélatine incolore et très-soluble , telle que la grénetine, etc.) est de 100 grammes ; quant à la quantité d'eau, elle pourra varier entre 1,500 et 1,250 cent. cub., savoir : 1,500 cent. cub., si la température, naturelle ou artificielle, du local où on se propose d'étendre la mixtion sur les papiers d'après la méthode qui sera ci-après décrite, se trouve comprise entre 15 et 20 degrés centigr., et 1,250 cent., cub., si cette température se trouve comprise entre 20 et 25 degrés, ou environ. On sait en effet qu'à mesure que la chaleur augmente, la gélatine versée à chaud sur une surface a moins besoin d'être diluée pour s'y étendre convenablement, et qu'à mesure que la température s'abaisse, la gélatine se prend plus vite en gelée ; c'est pourquoi, dans ce dernier cas, pour l'empêcher de se prendre *trop vite* en gelée, il faut y mettre plus d'eau.

La mixtion carminée demande une préparation un peu plus compliquée que les deux autres. Cela vient de ce que, pour être obtenu à un état de division qui lui donne le maximum de transparence et le ton le plus riche, le carmin veut être traité au préalable par l'*ammoniaque*. Voici, en conséquence, la manière de procéder :

On fait dissoudre les trois grammes de carmin dans une cuvette plate, où l'on verse à cet effet un mélange de 200 cent. cub. d'ammoniaque liquide et de 250 cent. cub. *d'eau distillée*. On laisse l'ammoniaque s'évaporer en plein air jusqu'à ce que son odeur ait presque en entier disparu, ce qui demande un certain nombre d'heures. Alors, à ce premier liquide, dont le volume s'est réduit par l'évaporation de l'ammoniaque, on ajoute ce qu'il faut *d'eau ordinaire* pour former, suivant la température du local où les papiers seront mixtionnés, les 1,500 ou les 1,250 cent. cub. dont il vient d'être parlé, et on verse le tout dans un vase de terre (pot ou marmite) contenant les **100** gr. de gélatine brisée en morceaux. On laisse pendant une demi-heure environ la gélatine tremper et se gonfler à froid dans cette eau carminée, après quoi on l'y fait dissoudre sur un fourneau, en évitant de chauffer jusqu'à ébullition ou même à une température trop voisine de l'ébullition. Pour assurer l'homogénéité parfaite de la mixtion, il est utile de l'agiter quelques instants avec une baguette de verre : en cet état on la filtre à travers une pièce de calicot, d'un tissu pas trop serré, préalablement mouillée et placée dans un entonnoir. En relevant les bords du linge, qu'on retire de l'entonnoir, et exerçant une légère pression sur la poche ainsi formée, on achève de filtrer la mixtion, qu'il ne reste plus qu'à entretenir à une chaleur modérée, soit **40** à **50** degrés, pendant qu'on mixtionnera les papiers : on aura soin, de temps à autre, au cours de cette opération, de remuer la masse du liquide au moyen de l'agitateur de verre.

2° *Mixtion bleue* : — Etant donnée la même superficie à recouvrir que pour la mixtion carminée, c'est-à-dire **10** fois une surface **30** $\times$ **40**, soit en tout 10 fois 1,200 centimètres carrés, le poids de *bleu de Prusse* (bleu de Prusse en tablettes pour l'aquarelle[1]) qui convient pour cette superficie totale, est de 3 grammes ; le poids de gélatine est de 100 grammes ; la quantité d'eau (eau ordinaire) pourra varier entre **1,500** et **1,250** cent. cub. suivant les différences de température spécifiées pour la préparation précédente.

Voici la manière de procéder :

On coupe et on brise en menus morceaux, au moyen d'un ciseau à froid et à coups de maillet, les trois grammes du bleu en tablette, et on les met tremper, pendant une douzaine d'heures, dans un mortier de verre, où l'on a versé

---

[1] Nous faisons usage du bleu de Prusse en tablettes portant la marque J. M. Paillard. — P.-C. Lambertye.

une très-petite quantité d'eau, tout juste la quantité nécessaire pour gonfler et ramollir ces débris. Gonflés et ramollis, on les réduit en pâte à l'aide du pilon. On les pile de nouveau après y avoir ajouté un peu d'eau. On achève de remplir d'eau le mortier ; on agite le liquide ; on frotte les parois du mortier pour en détacher les épaisseurs de bleu qui les tapissent, et on verse le coutenu dans le pot de terre où on a mis les 100 gr. de gélatine. On remplit le mortier d'une nouvelle quantité d'eau pour délayer et emporter les résidus de bleu qui ont pu y rester ; on verse cette eau dans le pot de terre, et on recommence, s'il le faut, l'opération, jusqu'à ce que tout le bleu contenu dans le mortier ait été versé sur la gélatine. Il va sans dire que toute l'eau qu'on aura, de la sorte, en diverses fois, fait passer dans le mortier avant de la recueillir dans le vase de terre, aura été mesurée avec soin, de telle sorte que la quantité totale que devra contenir ce vase fasse bien les 1,500 ou les 1,250 cent. cub., selon les cas ci-dessus spécifiés.

Le restant des opérations est le même que pour la mixtion carminée : laisser la gélatine se gonfler, à froid, une demi-heure environ avant de mettre le vase sur le fourneau ; chauffer sans excès ; remuer la mixtion à l'aide d'un agitateur ; filtrer, entretenir le liquide à une température modérée et l'agiter de temps à autre, au fur et à mesure du *mixtionnage* des papiers.

3° *Mixtion jaune.* — Etant toujours donnée la même superficie à recouvrir, c'est-à-dire 10 fois une surface 30×40, soit en tout 10 fois 1,200 centimètres carrés, le poids de *jaune d'or* (en tablettes, pour l'aquarelle ; ce jaune n'est autre que *l'orpiment* ou sulfure d'arsenic) qui convient pour cette superficie totale est de 7 grammes ; le poids de gélatine est de 100 grammes ; la quantité d'eau est la même que pour les deux mixtions précédentes, c'est à-dire qu'elle pourra varier entre 1,500 et 1,250 cent. cub. suivant les différences de température indiquées au sujet de la mixtion carminée.

La mixtion jaune se prépare de la même sorte que la bleue. On brise, on concasse les 7 grammes de jaune en tablettes ; on les laisse tremper, durant une douzaine d'heures, dans un mortier de verre contenant tout juste la quantité d'eau nécessaire pour les gonfler en les ramollissant ; puis on en fait une pâte, qu'on allonge d'eau et qu'on fait passer en entier, à l'aide de plusieurs lavages successifs, dans le vase qui contient les 100 gr. de gélatine, en ayant soin de mesurer les diverses quantités d'eau employées à tous ces lavages, de telle sorte que, au total, l'eau introduite dans le vase en question forme les 1,500 ou les 1,250 cent. cub. dont il a été parlé. Le gonflement de la gélatine, à froid, pendant une demi-heure ; sa fusion à une température au-dessous du point d'ébullition ; l'emploi de l'agitateur ; le filtrage, l'entretien du liquide à une chaleur modérée et l'emploi réitéré de l'agitateur, au fur et à mesure du *mixtionnage* des papiers, telles sont les opérations.

II. — *Matériel spécial pour mixtionner les papiers ; manière de les mixtionner.* — La méthode que nous voulons exposer ici est accessible à tout amateur photographe. Il ne s'agit en effet ni de la machine à rouleaux destinée à mixtionner les papiers, ni d'une installation dispendieuse créée dans le même but. Le matériel est assez simple, et, à la condition d'opérer, comme nous l'avons dit plus haut, dans un local dont la température, naturelle ou artificielle, ne soit ni inférieure à 15 degrés ni supérieure à 25 (ou environ), quiconque voudra suivre ponctuellement nos indications, obtiendra plus vite et plus sûrement qu'avec la plupart des ustensiles ou des tours de main qui pourraient lui être signalés, les trois papiers en question.

Les objets dont il faut se pourvoir sont les suivants :

1° Deux glaces, ou mieux encore, si l'on tient à accélérer

le travail, quatre ou cinq glaces (et non pas de simples verres, quelque plans et réguliers qu'ils puissent paraître) :

2° Autant de cadres ou châssis en bois, ayant tout juste l'épaisseur nécessaire pour en assurer la solidité, et offrant des dimensions telles que chaque cadre puisse, au moyen de pinces américaines, s'adapter et demeurer pressé au-dessus de chacune des glaces ;

3° Autant de *trépieds à vis câlantes*, c'est-à-dire des triangles, formés de traverses horizontales en métal ou en bois élevées sur des supports, et à travers lesquelles on fait mouvoir à volonté, de bas en haut et de haut en bas, trois vis à oreille disposées elles-mêmes en triangle, et présentant leur pointe au-dessus desdites traverses ;

4° Un niveau à bulle d'air ;

5° Une cuvette plate en zinc ou en fer-blanc, proportionnée à la grandeur des glaces, qui doivent pouvoir y entrer et en sortir librement ;

6° Un approvisionnement de papier buvard ;

7° Un verre gradué ;

8° Un triangle de verre (baguette de verre pliée en trois à la lampe d'émailleur).

Tous ces objets étant réunis, les opérations sont faciles :

On pose chacune des glaces sur chacun des trépieds, et, à la faveur du niveau à bulle d'air, on leur donne à toutes, c'est l'affaire de quelques instants, une parfaite horizontalité en faisant jouer les vis câlantes.

Chacune des feuilles de papier à recouvrir de mixtion aura été taillée de la grandeur des glaces. Dans l'hypothèse, ci-dessus admise, d'une surface mixtionnée 30×40 pour chaque feuille, les feuilles et par conséquent les glaces doivent dépasser quelque peu cette superficie ; car il n'y aura de mixtionné que l'espace compris dans les cadres de bois, et, tout autour de cet espace, chaque feuille, protégée par son cadre, sera laissée à nu sur une marge de la largeur du cadre, soit 2 ou 3 centimètres.

On met de l'eau ordinaire dans la cuvette de métal ; on y plonge l'une des glaces, et, au-dessus de cette glace, l'une des feuilles de papier, en ayant soin d'immerger celle-ci en son entier. Cette immersion doit se prolonger au moins une ou deux minutes. On soulève alors, des deux mains, la glace et la feuille appliquées l'une contre l'autre et maintenues, aux deux angles d'en haut, par la pression des doigts. On laisse quelques instants s'égoutter l'excès de liquide, puis on pose à plat sur une table la glace recouverte de la feuille. Au moyen d'un premier buvard on pompe la nappe d'eau extérieure ; à l'aide d'un second buvard et même d'un troisième, et en exerçant quelques frictions de toute la largeur de la main, on obtient aisément le nivellement complet du papier, qui prend toute la planimétrie de la glace. En cet état de parfaite adaptation, on les pose sur leur trépied, et on ajuste au-dessus du papier l'un des cadres de bois, qu'on y fait adhérer fortement au moyen des pinces américaines.

Les choses ainsi installées, il faut, dans les dix minutes, verser la mixtion qui a été préparée : un plus long intervalle pourrait amener l'évaporation du reste d'humidité que le papier a gardé nonobstant l'emploi des buvards, et par suite, malgré la présence du cadre de bois, il se produirait çà et là de légers soulèvements du papier, et l'opération serait compromise.

Donc, dans les dix minutes, on versera la mixtion sur la superficie limitée par le cadre. On se servira, pour cette opération, du verre gradué : il importe en effet de mesurer exactement, pour chaque feuille, la quantité de liquide gélatineux. En se reportant aux indications de poids, de volume et de superficie que nous avons fournies, il faudra verser sur chaque feuille (30 × 40 d'espace à recouvrir) un dixième de la quantité totale de chacune des trois mixtions, par conséquent le dixième de 1,250 cent. cub. d'eau, ou bien de 1,500 cent.

cub. d'eau, c'est-à-dire **125** ou **150** cent. cub., plus le dixième du volume de **100** gr. de gélatine, c'est-à-dire environ **10** cent. cub.. soit, en tout, et sans qu'une différence de quelques centimètres tire à conséquence, **135** cent. cub., ou bien **160** cent. cub. (nous négligeons le dixième de la quantité de matière colorante).

La mixtion chaude est versée du vase de terre dans le verre gradué, et du verre gradué sur le papier. Les précautions à prendre sont les suivantes :

1° Incliner le verre gradué lorsqu'on y verse le liquide, de telle sorte que celui-ci en suive les parois avant d'atteindre le fond : c'est le moyen d'éviter les bulles qui ne manqueraient pas de se former en grand nombre, si la mixtion était précipitée au fond du verre gradué ;

2° Répartir promptement, au moyen du triangle de verre, la mixtion sur toute l'étendue de la surface à recouvrir ;

3° Avant que le liquide se soit pris en gelée, crever les bulles qui ont pu se produire à la surface, et employer à cet effet, soit le triangle de verre, soit tout autre objet, soit le doigt. Si l'on s'est conformé aux indications plus haut données quant au degré de dilution où il convient d'amener la gélatine suivant la température de l'appartement, on aura tout le temps, avant que la gélatine se prenne en gelée, de crever les quelques bulles en question, si toutefois il s'en produit : elles proviennent ordinairement de ce que la mixtion a été versée trop chaude.

Une première feuille de papier étant mixtionnée ainsi, on passe immédiatement aux suivantes, en utilisant toute la succession des glaces, des cadres et des trépieds dont on est approvisionné ; c'est seulement quand on en a épuisé la collection qu'on s'occupe de séparer de chacune des glaces chacune des feuilles de papier, dans l'ordre où celles-ci ont été mixtionnées : la mixtion qui les recouvre s'est figée dans l'intervalle, et les opérations, grâce à ce roulement, n'éprouvent pas de retard.

On soulève successivement chaque feuille par deux angles, dans le sens de sa largeur, après l'avoir débarrassée et des pinces américaines et du cadre, et on la transporte dans le local (chambre aérée, ou étuve, suivant la saison) où elle est destinée à sécher : un cordon, tendu horizontalement (le plus près possible du plafond, s'il s'agit d'une chambre ordinaire), permettra de suspendre et d'abandonner en liberté dans l'espace chaque feuille mixtionnée : il suffit, à cet effet, de plier en double la marge supérieure, espace non mixtionné, de la placer à cheval sur le cordon à l'aide du pli ainsi formé, et d'emprisonner ce pli dans les deux branches d'une pince américaine, placée au milieu de la largeur du papier.

La température ou les courants d'air doivent être calculés de façon à ce que les papiers mixtionnés sèchent dans le moins de temps possible, c'est-à-dire dans une douzaine d'heures, vingt et quelques au plus.

IV. — Chaque feuille, en séchant librement comme il vient d'être dit, perdra tout à fait sa planimétrie ; elle se gondolera, se tordra dans tous les sens. En cet état, elle serait impropre à sa destination ; car, surtout avec le mode de sensibilisation qui sera décrit (c'est-à-dire dans un bain alcoolique de bichromate, où la feuille mixtionnée met plus de temps à perdre ses plis par humectation que dans la solution aqueuse de bichromate généralement employée), il importe d'avoir des papiers mixtionnés d'une planimétrie irréprochable. Reste donc une dernière opération à accomplir : *l'aplanissement des papiers.*

Nous obtenons cet aplanissement en les immergeant deux ou trois minutes dans de l'eau, et les appliquant aussitôt *par le verso* à des verres, sur lesquels nous les abandonnons à dessiccation, après les y avoir fixés à l'aide de gélatine (gélatine étendue à chaud, 15 gr. de gél. pour 100 cent. cub. d'eau) par leurs bords seulement, c'est-à-dire sur une largeur d'environ un centimètre, prise dans leur marge non mixtionnée. Appliqués et collés de la sorte, ils conservent tout d'abord de nombreux plis ; mais il ne faut pas s'en inquiéter, la dessiccation les supprime tous.

La seule précaution consiste à retourner de haut en bas, *une fois*, pendant qu'ils sèchent sur les étagères où on les a posés debout, les papiers ainsi plaqués sur verre. Si on ne le faisait pas, la dessiccation se compléterait dans le haut pendant que le bas serait encore très-humide, et la tension du haut pourrait amener un déchirement de la partie inférieure.

Une fois les feuilles séchées en entier, il n'y a plus qu'à faire sur les bords une incision au canif pour retirer du verre chaque feuille redevenue tout à fait plane.

V. — *Recommandation importante.* — Les papiers à recouvrir soit de l'une soit de l'autre des trois mixtions doivent être de la même pâte et du même poids, en un mot d'une même fabrication, afin que les bains et les dessiccations par lesquels il passeront pour former les trois monochromes d'un même sujet, ne produisent pas d'inégalités appréciables dans leurs dimensions respectives. En outre, il est utile d'y tracer sur le verso des raies au crayon, dirigées parallèlement sur toutes les feuilles et dans un même sens, celui de la longueur ou celui de la largeur. Ces indications seront précieuses lorsqu'il s'agira de tailler le papier de grandeur pour la production des trois monochromes d'un même sujet : on aura alors la certitude que tout le travail de dilatation s'accomplit d'une manière analogue, d'un monochrome à l'autre, en d'autres termes, suivant les mêmes fibres du papier support, semblablement dirigées.

VI. — Telle est la méthode élémentaire, mais assurément fort pratique, par laquelle, en attendant que l'industrie les fournisse par quantités, nous avons jusqu'à ce jour obtenu nos trois sortes de papiers mixtionnés. L'art de s'en servir, c'est-à-dire l'*Héliochromie au Charbon*, fera l'objet du chapitre suivant.

CHAPITRE V.

I. — *La sensibilisation* des trois papiers dont nous avons donné les formules, se fait par immersion dans un bain alcoolique de bichromate, ainsi composé :

Eau ordinaire ...., ... 670 cent. cub.

Alcool à 36 degrés .... 330 cent. cub.

Bichromate d'ammoniaque pur... 60 gr.

Sucre.. .... de 40 à 60 gr., suivant l'état
hygrométrique de l'air.

L'alcool introduit dans ce bain a pour triple destination : 1° d'accélérer la dessiccation des papiers ; 2° d'en augmenter la sensibilité ; 3° de les préserver du ramollissement excessif qui les retourne et les pelotonne dans un bain sensibilisateur ordinaire, et qui, au sortir de l'immersion, ne permettrait pas de les suspendre par des épingles à l'appareil tournant dont il sera bientôt parlé. Ils sont, à la faveur de l'alcool, doués d'une fermeté qui les rend tout à fait faciles à manier.

La destination *du sucre* est de leur assurer plus de souplesse une fois secs, de permettre, en cet état, de les appliquer exactement aux clichés ; enfin, de faciliter la pénétration de la gélatine par le bain d'alcool qui doit servir, après l'impression lumineuse, à appliquer les papiers contre leur support provisoire. Par un temps très-sec, la proportion de 60 gr. de sucre n'a rien d'exagéré.

Le titre susmentionné du bain de bichromate est celui qui convient pour la plupart des clichés, mais il faudrait le modifier si l'on avait affaire à des clichés exceptionnels. On ferait un bain plus faible s'ils étaient très-doux, et réciproquement un titre plus élevé de bichromate permettrait d'utiliser des négatifs vigoureux et très-contrastés. Le bichromate d'ammoniaque doit être parfaitement pur : il importe, quand on s'en approvisionne, de n'accepter qu'une marque connue.

La durée d'immersion peut varier entre 2 et 5 minutes, suivant la température et suivant le modelé qu'on veut donner aux monochromes. On sait en effet, d'une part, que plus les bains sont froids, plus ils mettent de temps à pénétrer la gélatine, et, d'autre part, que plus la gélatine a pris de bichromate, moins les épreuves seront contrastées [1].

Au surplus, ceci a déjà été dit, nous supposons le lecteur plus ou moins initié à la Photographie au Charbon. Nous nous abstiendrons en conséquence de rappeler, en ce qui concerne la sensibilisation des papiers, les tours de main consacrés par la pratique des ateliers.

Le bain sensibilisateur à l'alcool peut servir plusieurs fois

---

[1] Ce plus ou moins de contraste des *positives*, suivant la durée d'immersion dans le bain sensibilisateur, offre les moyens de corriger les inégalités de vigueur des clichés héliochromiques, comparés entr'eux. Ainsi, pour fixer les idées, si un cliché plus posé que les deux autres ou dont le développement a été poussé plus loin, fournit par cela même un monochrome pauvre en demi-teintes tandis que les deux autres monochromes en présentent d'harmonieuses, on rétablira l'équilibre en laissant, par exemple, 5 minutes dans le bain de bichromate le papier mixtionné correspondant à ce cliché trop posé ou trop développé, au lieu de 2 minutes et demie, qui seraient la durée ordinaire d'immersion convenant pour les deux autres papiers.

sans altération appréciable, le dépôt qui se forme se séparant au moyen de la filtration. Un bain dont on fait usage fréquemment n'a pas besoin d'être renouvelé, pourvu qu'on l'allonge à mesure qu'il s'épuise.

II. -- *Séchage des papiers après sensibilisation.* — On sait que plus la dessiccation est rapide sans élévation de température, plus les papiers sont solubles et plus aussi la réussite est certaine.

Déjà favorisée par la présence de l'alcool, la dessiccation de nos papiers devient très-prompte par les moyens mécaniques dont nous usons et dont nous recommandons l'emploi·

En hiver, nous nous servons d'une étuve à courant d'air modérément chaud, obtenu par une lampe placée à la partie inférieure. Dans les autres saisons, et même en hiver à la condition de chauffer un peu l'appartement, nous faisons usage d'une machine tournante dont nous n'avons vu l'indication nulle part, mais qui remplace merveilleusement, dans la majeure partie des cas, ce pavillon obscur, aéré par des volets spéciaux, dont une description a été donnée par M. Van Monkhoven dans son traité récent sur le Procédé au Charbon. Cette machine, sorte de tourniquet analogue aux manéges des chevaux de bois, permet d'obtenir, à l'aide d'un engrenage manœuvré par une manivelle, la rotation très-rapide d'un certain nombre de bras ou rayons en bois, horizontaux, tournant sur un axe vertical, et à l'extrémité desquels on a collé des lames de liége. Nous suspendons nos papiers à ces lames de liége, au moyen de simples épingles, à leur sortie du bain alcoolique de bichromate. Grâce à l'alcool, la consistance des dites feuilles mixtionnées est assez grande pour que les piqûres des deux épingles enfoncées à leurs deux angles supérieurs, ne s'agrandissent pas sous leur poids pendant la course que ces feuilles vont faire. Pour éviter qu'elles ne se pelotonnent en cornets (et encore cette précaution n'est-elle nécessaire que si les feuilles ont d'assez grandes dimensions), il suffit de les munir, à leur bord inférieur, d'un mince fil de fer, piqué aux deux extrémités de ce bord, ou bien encore d'assujettir ces deux extrémités, à l'aide d'épingles, contre une légère baguette garnie de liége. La machine étant mise en mouvement, les papiers fouettent l'air avec force : c'est comme si un grand vent, non accompagné de poussière, se chargeait de les sécher.

Dans ces conditions, ils sèchent environ six fois plus vite qu'à l'état de repos : suivant la température et le degré hygrométrique du local, qui doit être, bien entendu, complètement abrité contre la lumière blanche, ce temps varie entre vingt minutes et trois quarts d'heure.

III. — *Exposition à la lumière.* — Pour être utilisés à des tirages en gélatine, les trois négatifs héliochromiques d'un sujet devront être, au préalable, garnis chacun d'un cadre de papier noir, destiné à préserver de l'action lumineuse les bords du papier mixtionné. Moyennant cette précaution, le papier, lorsque se fera le dépouillement à l'eau chaude, se séparera plus aisément de l'image transférée sur verre.

Quant aux trois papiers d'un même sujet, on aura soin de les tailler dans un même sens de la feuille, longueur ou largeur, selon ce qui a été dit précédemment (Chap. 4, n° 5).

A la faveur du sucre qui est entré dans leur composition, nos trois papiers, même par un temps très-sec, ont assez de souplesse pour s'aplatir complètement contre les clichés dans les châssis-presses. Bien matelassés par des buvards, ils fourniront, dans toute leur étendue, une image exempte de *flou*.

Trois châssis-presses, dont l'un tout au moins *à planchette articulée*, tel est le matériel voulu pour l'impression lumineuse des trois surfaces mixtionnées qui doivent fournir les monochromes d'un sujet. C'est à la venue du monochrome jaune que doit être consacré le châssis à planchette articulée : en effet, ainsi que nous allons l'expliquer, il faut pouvoir, tout comme s'il s'agissait d'une épreuve positive aux sels d'argent, consulter à volonté ce monochrome pendant la pose et en suivre les progrès, qui se manifestent par *un roussissement des plus apparents.*

Cette propriété, particulière à la surface jaune, de roussir d'une façon si apparente par l'action de la lumière, est très précieuse, en ce qu'elle permet de juger, sans le secours du photomètre, fort usité, on le sait, dans les tirages ordinaires au charbon, non-seulement la venue du monochrome jaune, mais celle des deux autres monochromes. A la vérité, la pose, pour les trois préparations, n'est pas la même; mais, étant connue une fois pour toutes leur sensibilité relative, le jaune sert invariablement de régulateur. Cette sensibilité, à la condition, bien entendu, que les trois sortes de papiers mixtionnés contiennent les quantités de couleur définies au précédent chapitre[1], peut se formuler de la sorte : « Si la pose, pour le rouge, est représentée par 1, celle du bleu le sera *approximativement* par 2, et celle du jaune par 3. » Dès lors, la règle est toute tracée.

En effet, si l'on expose simultanément les trois papiers à la lumière, sous leurs trois clichés respectifs et en faisant usage, comme il a été dit, de trois châssis différents, on arrêtera la pose du *rouge* lorsque, guidé tout à la fois par les indications d'une montre et par le degré du roussissement du dessin que fournit la préparation jaune, on appréciera que celui-ci est formé au tiers; on arrêtera l'exposition du *bleu* lorsque, guidé tout à la fois par une durée de pose qui sera, à lumière égale, le double environ de celle du rouge, et par les progrès du roussissement, on jugera l'empreinte achevée; enfin on arrêtera la pose du *jaune* lorsque, guidé par une durée qui doit, à lumière égale, dépasser de moitié environ celle de l'exposition du bleu, on en con-

---

[1] On sait que la sensibilité des papiers mixtionnés varie suivant la nature et la quantité de la matière colorante.

clura que le jaune est à son tour complet. Il va sans dire que durant les examens qu'on fera de l'épreuve jaune, apportée à cet effet dans un local peu éclairé, on aura soin d'arrêter chaque fois le travail de la lumière soit pour l'épreuve rouge, soit pour la bleue, en les recouvrant d'une planchette ou retournant les châssis contre la surface qui les supporte.

Voici maintenant quelques données générales sur la durée d'exposition des trois monochromes :

L'impression, pour chacun d'eux, est activée, non-seulement par l'éclat de la lumière, mais encore par l'élévation de la température du milieu où l'on opère[1].

C'est à la lumière diffuse qu'il convient d'exposer. La pose serait très abrégée au soleil, mais les épreuves laisseraient à désirer comme modelé, sans toutefois devenir détestables. Elles auraient le défaut d'être trop heurtées, du moins si l'on fait usage de clichés ordinaires. Pour obtenir, au soleil, des résultats harmonieux, une nature spéciale de clichés serait indispensable.

L'éclairage d'un ciel bleu est beaucoup moins actif que celui d'un ciel chargé de nuages blancs. La lumière du matin a plus d'activité que celle de l'après-midi, laquelle devient jaunâtre à mesure que la soirée s'avance.

Il va de soi que s'il y avait des inégalités de transparence entre les trois clichés d'un même sujet, si l'un d'eux, par exemple, était voilé, on devrait, dans l'appréciation de la pose, tenir compte de cette particularité.

Par une température d'environ 20 degrés et sous un ciel lumineux de midi, en faisant usage de trois clichés bien transparents, la pose sera d'environ 3 à 4 minutes pour le

---

[1] M. Léon Vidal a publié à ce sujet, dans son Traité Pratique de Photographie au Charbon. 1877 (Gauthier-Villars, éd.) un tableau comparatif très-curieux, duquel il résulte que les variations de température, de l'été à l'hiver, changent à elles seules, du simple au triple, la durée de pose.

monochrome rouge, **6 à 8** minutes pour le bleu, **10 à 12** minutes pour le jaune.

Il vaut mieux poser un peu trop et même beaucoup trop
que pas assez. La raison en est simple: si l'image apparait
trop forte dans le dépouillement ultérieur à l'eau chaude, on
sera sûr de l'affaiblir au degré voulu en prolongeant l'action
de ce bain, dont on élèvera, s'il le faut, la température[1],
tandis que l'insuffisance de pose est irrémédiable. En outre,
une épreuve plus posée qu'il n'est nécessaire laisse la faculté
d'enlever par l'action plus énergique de l'eau chaude, sans
que l'image elle-même risque d'être rongée, ces sortes de
grumeaux, ces petites portions de gélatine soluble qui résis-
tent plus longtemps que les autres au bain de dépouillement.

Il y a une grande marge pour la durée de pose. On peut,
à la rigueur, pour chacune des trois épreuves, poser impunément le double du temps nécessaire et même au-delà, sauf
à user davantage des ressources du bain d'eau chaude.

D'après toutes les données que nous venons de réunir, les
graves erreurs de pose seront rares pour le praticien un peu
exercé. Toutefois il est bon de noter qu'une forte exagération dans la pose aurait pour conséquence la production
de *demi-teintes un peu plus accusées par rapport aux
teintes*. Il ne faudrait donc pas, si les trois clichés ont la
même force, surexposer pour l'un des monochromes à
l'exclusion des autres. Cette surexposition ne serait oppor-
tune que dans le cas où le cliché correspondant aurait plus
d'intensité que les deux autres clichés; elle permettrait alors
de rétablir l'équilibre dans les résultats.

---

[1] La couche d'huile cuite dont nous enduisons la surface qui sert de sup
port provisoire aux monochromes (voir le Chap. 6), permet de chauffer
autant qu'on le désire le bain de dépouillement: la solidité de cet enduit et
celle du monochrome dont il est la base demeurent inaltérables.

CHAPITRE VI.

I. — Au point où nous sommes arrivés de l'exposé des opérations dont la série procure une *héliochromie*, il ne s'est produit encore aucune dérogation bien marquée à ce qui se pratique généralement dans les ateliers de photographie au charbon. Mais c'est à partir d'à présent que les différences vont se manifester.

On sait en effet que, dans la pratique ordinaire, le papier mixtionné, une fois retiré du châssis où il a reçu l'impression lumineuse, est appliqué, à l'aide d'un bain d'eau froide, contre un support provisoire, verre, papier, etc. ; que ce support a été recouvert d'un enduit, tel qu'une couche de gomme-laque, ou de caoutchouc, ou de fiel de bœuf, ou de talc, ou de collodion étendu sur de la cire, et que cet enduit a une double destination : 1° de procurer l'adhérence aussi solide que possible de la surface impressionnée contre le support provisoire pendant la formation de l'image, c'est-à-dire pendant le dépouillement à l'eau chaude ; 2° d'assurer la séparation de l'image d'avec ce support une fois qu'elle a été collée à son support définitif.

Or, dès qu'il s'agit, non plus de constituer une épreuve unique, se suffisant à elle-même, mais de créer une héliochromie, c'est-à-dire une épreuve formée de trois images pelliculaires de gélatine superposées les unes aux autres, la méthode ainsi définie cesse de répondre aux exigences d'un tirage régulier et industriel. Car voici les inconvénients qui vont se manifester :

Les trois papiers mixtionnés, l'un rouge, l'autre bleu, l'autre jaune, qui contiennent, non révélées encore, les trois épreuves constitutives de l'épreuve polychrome, sont sujets à se dilater inégalement dans les bains d'eau froide qui servent à adapter ces papiers au support provisoire, verre ciré et collodionné, papier à la gomme laque, etc.. Quelque soin que l'on mette à ne faire usage que de papiers d'une même pâte, et à tailler dans le même sens, par rapport aux fibres de la feuille, tous les monochromes d'un même sujet, et pour autant qu'on s'attache à maintenir l'eau d'adaptation à une égale température pour tous les papiers, l'inégalité de dilatation est presque toujours appréciable, au moins quand le sujet dépasse les très-petits formats. Il en résulte l'impossibilité, lorsqu'on opère la superposition des monochromes, de faire coïncider les contours des choses représentées. Si les contours des objets situés à la gauche du tableau coïncident, ceux des objets situés à la droite forment de doubles ou triples lignes, et réciproquement ; et les intervalles de ces lignes se traduisent par des irisations et des teintes d'arc-en-ciel. Telle fut l'une des causes des défectuosités que présentaient les épreuves en couleur exposées sous le nom de M. Louis Ducos du Hauron au Palais de l'Industrie en **1876**.

En outre, lorsqu'il faut obtenir séparément, puis superposer et souder les unes aux autres plusieurs épreuves d'un même sujet de manière à les confondre en une seule image, tel enduit, tel vernis qui réussirait à merveille pour le développement et le transfert d'une épreuve unique, devient d'un emploi impossible ou tout au moins très-incommode. Ainsi, par exemple, ne veut-on obtenir qu'une épreuve unique, la glace recouverte de cire et de collodion constitue un support provisoire convenable [1], où le papier mixtionné adhère assez fortement et laisse, à la faveur de l'eau chaude, une image qui abandonne ensuite cette glace sans difficulté, par l'effet de la dessiccation, pour suivre son subjectile définitif. Mais si, sur trois glaces différentes, recouvertes de cire et de collodion, on suppose obtenus trois monochromes destinés à former une héliochromie, ce même enduit de cire et de collodion qui a tant d'utilité pour le détachement de chaque monochrome d'avec le verre, va devenir matière encombrante et nuisible dès qu'il faudra, à l'aide de nouveaux bains d'adaptation, coller ces monochromes les uns aux autres : les moindres traces de cire suffisent en effet pour déterminer la séparation, l'effeuillement des épreuves, ainsi obtenues, qu'on croirait le mieux soudées entr'elles. On sera donc fatalement obligé de dégraisser, au fur et à mesure de leur transport sur le subjectif définitif et avant de les superposer, les trois monochromes, c'est-à-dire de dissoudre cire et collodion dans un bain dispendieux d'éther et d'alcool, qu'il faut sans cesse renouveler ou distiller. Cette opération si gênante n'assurera même pas toujours les résultats : la double ou triple image, en se séparant du verre par la dessiccation et par le retrait, parfois irrégulier, des gélatines, conséquence de leur dessiccation, court le risque de se disloquer.

Des inconvénients plus graves encore se produisent lorsque, au lieu de cire et de collodion, on recouvre les glaces

---

[1] Néanmoins les épreuves qu'on y développe n'adhèrent pas suffisamment pour être toujours à l'abri d'accidents fort sérieux, tels que la *réticulation* de l'épreuve, la séparation du collodion d'avec le verre pendant l'opération du dépouillement.

de talc, ou de fiel de bœuf, ou de caoutchouc, etc. : telle quantité de ces divers enduits isolants qui est nécessaire pour amener, dans l'étuve, une séparation facile de chaque monochrome d'avec le verre, est un obstacle à un collage solide et régulier, à une parfaite soudure des monochromes entr'eux. Elle en déterminera, suivant les cas, la séparation totale ou la séparation partielle, qui se manifeste par des *effets métalliques*.

Nous avons dès lors cherché une méthode et des préparations mieux appropriées à nos tirages héliochromiques en gélatine.

Le Procédé que nous avons trouvé a pour principe *l'emploi combiné des alcools et des huiles cuites* [1].

Et d'abord, à la différence d'un bain d'eau, qui produit une distension considérable du papier garni de la mixtion impressionnée, *un bain d'alcool*, employé pour l'adaptation au support provisoire, ne dilate pour ainsi dire pas ledit

---

[1] L'idée de remplacer, pour les bains d'adaptation, l'eau par l'alcool en vue de réduire presque à zéro *les dilatations et à fortiori les inégalités de dilatations* des papiers mixtionnés porteurs des épreuves non encore développées, m'est personnelle : quant aux propriétés remarquables des huiles cuites, employées comme enduit du support provisoire, verre ou papier, et qui, se ramollissant dans l'alcool sans s'y dissoudre, abandonnent, au fur et à mesure des superpositions, le support provisoire pour suivre l'épreuve, cette découverte est due à mon frère. L'emploi combiné des alcools et des huiles cuites offre, selon nous, de si précieux avantages, non-seulement pour les tirages héliochromiques, mais même pour le tirage d'une épreuve ordinaire *au charbon*, que la propriété industrielle de ce procédé, sous les formes variées dont il est susceptible, nous a paru digne d'être sauvegardée au moyen d'un brevet français, pris par nous le 2 juin 1877. Ce procédé se réalise notamment par des papiers mixtionnés, dont nous espérons pouvoir doter prochainement l'industrie : ces papiers, rendus tout à fait transparents par l'huile même qui leur sert d'enduit, permettent d'impressionner, à travers leur épaisseur, la couche mixtionnée dont ils sont garnis : l'image se trouve donc toute établie à l'avance et sans transfert sur son support provisoire : il y a, on le voit, économie de temps et de main-d'œuvre. — L. D.

papier : les changements de dimension qu'il lui fait éprouver sont assez insignifiants pour que les différences de grandeur qui peuvent se produire d'une feuille à l'autre, lorsqu'on les traite par un même bain d'alcool, deviennent nulles ou soient considérées comme telles. Quant à l'alcool, pourvu qu'il ne soit pas absolu, il a bien et réellement le pouvoir de procurer le transfert dont il s'agit, tout comme ferait un bain d'eau ; seulement l'imbibition du papier sera plus lente, et d'autant plus lente que le degré de l'alcool sera plus élevé. Dans une même cuvette horizontale en fer-blanc, contenant, à l'abri de la lumière, un bain d'alcool à 36° (soit 90° centésimaux), on peut immerger simultanément toutes les séries de papiers mixtionnés qu'on a soumises dans une journée à l'action lumineuse : au bout de deux ou trois heures ils seront suffisamment imprégnés d'alcool ; et alors un à un, sans autre perte de temps, en commençant par celui du dessus, on les adaptera sans difficulté, par le tour de main ordinaire, aux glaces ou aux plaques de verre qu'on aura, au fur et à mesure, introduites dans cette cuvette. Partie du bichromate dont ils sont chargés se répandra dans l'alcool, mais cette circonstance est indifférente : ce bichromate et le nouveau bichromate que d'autres papiers, en nombre à peu près illimité, y répandront à leur tour, ne troubleront d'une manière appréciable ni la régularité du travail ni la pureté des images, à la condition cependant de passer le bain sur son filtre chaque fois qu'on voudra procéder à une suite d'adaptations. Comme le degré de cet alcool tend à baisser par l'évaporation, il faudra, de temps à autre, vérifier le degré du bain à l'aide du pèse-alcool, et y ajouter, quand besoin sera, de l'alcool plus fort, par exemple de l'alcool à 95 degrés centésimaux afin de rétablir le degré primitif. Il va sans dire que, pour éviter l'évaporation, la cuvette, pendant le séjour des papiers, sera soigneusement recouverte d'un couvercle (couvercle opaque).

L'huile cuite, étendue en couche légère sur un support

tel que le verre, jouit de cette triple propriété : 1° de faire adhérer avec une incomparable solidité à la surface de ce support le papier mixtionné qu'on y adapte par l'alcool ; telle est cette solidité que, dût-on recourir à l'eau bouillante, pour le développement de l'image, il ne se forme nulle part ni cloches, ni ampoules, ni grenu, ni séparations ou menaces de séparations ; 2° de procurer le détachement régulier de l'image d'avec le verre par le seul fait d'une immersion dans de l'alcool à 65° centésimaux environ ; l'alcool pénètre la gélatine et va ramollir la couche d'huile ; on n'a qu'à saisir et soulever par un angle le subjectile définitif de l'image pour que celle-ci suive sans avarie ce subjectile ; elle emporte avec elle la mince couche de vernis à l'huile, et le verre se trouve mis à nu ; 3° de coller et de cimenter les monochromes de gélatine entre eux et de n'en faire qu'une seule épreuve, résultat qu'on obtient en appliquant, à la faveur de ce même bain d'alcool à 65° centésimaux, contre le monochrome resté sur verre huilé le monochrome déjà transporté, avec sa mince couche d'huile, sur le papier subjectile définitif, puis, en abandonnant le tout à dessiccation, et enfin en séparant du verre, toujours par ce même alcool, l'image double ou triple ainsi formée.

Nous venons d'exposer le principe et de tracer l'ensemble des opérations. Voici maintenant, point par point, comment nous procédons :

II. — *Préparation des verres.* — Sur chaque glace ou sur chaque verre destiné à recevoir un monochrome, on étend au préalable, à la manière du collodion, un enduit formé du liquide suivant :

Huile de lin cuite à la litharge (autrement dit, vernis à l'huile, qu'on trouve chez tous les droguistes).. 10 cent. cub.

Benzine...................... .. .. 100 cent. cub.

Cette solution doit être employée fraîchement préparée.

Un dépôt insoluble se forme assez rapidement au fond du flacon, et en même temps le liquide se décolore. Nous ne répondrions plus du succès, si l'on faisait usage du liquide ainsi modifié.

On laisse sécher la couche à l'air libre pendant 24 heures, tout au moins pendant 12 heures. On ne gagnerait rien à employer la chaleur d'un brasier ou d'une lampe à alcool, la dessiccation de l'huile n'étant pas le fait de la chaleur, mais du contact de l'air. Nous n'avons pas remarqué qu'il faille notablement plus de temps l'hiver que l'été pour que ladite couche se consolide. Tout en restant très-légèrement poisseuse et agglutinante, elle acquiert, au bout du nombre d'heures sus indiqué, une solidité convenable.

A partir de ce moment, les glaces sont bonnes pour l'emploi, et on peut s'en servir quand on voudra.

Les glaces, ou les simples verres dont on fera usage, doivent avoir une dimension un peu plus grande que celle des papiers mixtionnés qu'on se propose d'y appliquer, deux centimètres au moins sur chacun des quatre côtés.

III. — *Adaptation des papiers impressionnés.* — Toutes les séries de papiers mixtionnés héliochromiques qui ont reçu, dans une journée, l'impression lumineuse, peuvent être immergées à la fois, ainsi que nous l'avons dit plus haut, dans le bain d'alcool à 36° (90° centésimaux) qui sert à les adapter, et que contient une cuvette horizontale en fer-blanc. La couche de gélatine de chaque papier sera tournée vers le fond de la cuvette. Au bout de trois ou quatre heures d'immersion[1], durant lesquelles ils devront être préservés de la lumière, et le bain lui-même protégé contre l'évapo-

---

[1] Si l'on trouvait que les papiers mettent trop de temps à se ramollir dans ce bain, on pourrait se contenter d'un alcool à 80° centésim., ou même à 75°, tout au moins lorsqu'il s'agit d'héliochromies de faible dimension, pour lesquelles les inégalités de dilatation tirent moins à conséquence.

ration par un couvercle, on appliquera, à la faveur de l'alcool, chaque papier à la surface huilée du verre qui lui est destiné, et qu'on introduit, à cet effet, sous le papier *du dessus*. Nous ne rappelons pas ici le tour de main : il est connu. On chassera les bulles, s'il y en a.

L'adaptation ne souffrira aucune difficulté ; l'exacte planimétrie sur verre des papiers imprégnés d'alcool ne laissera rien à désirer. Mais ici il faut venir en aide à la nature.

Si en effet on laissait s'achever toute seule et sans autre forme de procès la dessiccation par laquelle doivent passer les papiers avant d'être repris par l'eau froide, puis par l'eau chaude, il se produirait de graves irrégularités. L'évaporation de l'alcool, à l'inverse de celle de l'eau, se manifeste en premier lieu au centre de la feuille pour s'achever par les bords : il en résulte que les bords, si on n'y portait remède, se soulèveraient en formant des plis. On pourrait, à la vérité, aplanir ceux-ci par la pression plus ou moins prolongée du doigt, à mesure qu'ils se forment ; mais ce serait une grande perte de temps, comme aussi ce serait une grande surveillance à exercer, par la raison qu'on aurait plusieurs fois à recommencer l'opération. Voici, pour couper court à la difficulté, ce que nous avons imaginé :

Nous couvrons une table de trois ou quatre étages de buvards, et nous étendons à plat sur ce lit les verres porteurs des papiers mixtionnés, lesdits papiers *en dessous*. Les vapeurs d'alcool étant à demi-emprisonnées et ne pouvant se dégager que par les bords, la dessiccation, très-ralentie, s'accomplit très-régulièrement ; les bords passent même plus vite à l'état de siccité que le centre. Il en résulte que les soulèvements n'ont plus lieu.

L'opérateur n'est pas obligé d'attendre que les papiers aient complètement séché sur les buvards pour retourner les verres, opération qui a pour résultat d'achever presque immédiatement la dessiccation. Le seul inconvénient d'une exposition prématurée des papiers à l'air libre consisterait en ce que des ondulations ou ampoules pourraient se former par l'effet d'une force analogue à celle qui tourmenterait les bords si les papiers séchaient dès le début à l'air libre : ces ondulations n'ont rien de grave, mais elles mettent beaucoup de temps à se déprimer, à moins qu'on ne prenne le parti de les étendre par une légère friction faite avec le doigt, ou, à défaut, de les percer d'une aiguille et de peser à l'endroit correspondant, pour faire sortir, comme d'un puits artésien, la nappe sous-jacente d'alcool. En somme, et sauf la possibilité de cet incident, l'opérateur n'a rien à faire pendant la durée de la dessiccation.

Si, pour une cause ou pour une autre, il devait s'écouler un intervalle plus ou moins prolongé entre le moment où *l'on retourne les verres* et celui où on procédera à l'immersion dont il va être parlé, il serait prudent, *par un temps chaud ou très-sec*, de passer, à l'aide d'un pinceau, sur l'extrême bord des papiers une couche d'eau sucrée (eau, 100 cent. cub.; alcool, 100 cent. cub.; sucre, 100 gr.), sans quoi le papier serait sujet à se détacher à sec du verre où il est appliqué.

C'est toujours, bien entendu, à la faible lumière orangée du laboratoire qu'ont dû se poursuivre les opérations qui viennent d'être décrites

IV. — *Reprise des épreuves par l'eau froide : cuve à rainures*. — Après évaporation complète de l'alcool, tous les papiers, solidement tendus sur leurs supports de verre, sont immergés avec eux dans une cuve en fer-blanc, à rainures verticales, contenant de l'eau froide : ces rainures, constituées par des lames du même métal repliées un grand nombre de fois en forme de V, permettent de placer côté à côté et à 2 centimètres environ l'un de l'autre, dans un espace restreint, une multitude de verres, sans que la couche d'huile cuite risque d'être éraillée, même aux bords, par aucun frottement. La position verticale des papiers impressionnés, mis à gonfler dans ce bain, facilitera le dégorgement du bichromate.

On peut, à son gré, à raison des fortes adhérences et de la solidité du vernis à l'huile, prolonger cette immersion toute une nuit et ne procéder au dépouillement que le lendemain. Par le long séjour dans l'eau froide, la solubilité de la gélatine ne sera que plus grande, la venue de l'image plus régulière : être dispensé de développer dans la soirée même les épreuves, plus ou moins nombreuses, impressionnées pendant le jour, constitue un réel avantage et favorise la bonne distribution du travail.

On a la faculté de ne renouveler que de temps à autre l'eau de la cuve à rainures, nonobstant le bichromate dont elle se charge de plus en plus.

V. — *Développement des monochromes*. — A leur sortie de la cuve à rainures, les papiers, gonflés par l'eau froide et restés adhérents à leurs plaques de verre, passent directement dans la cuvette ou les cuvettes en métal où va s'accomplir la révélation des images. Cette dernière opération se fait comme à l'ordinaire, c'est-à-dire en pleine lumière, au moyen d'eau modérément chaude, dont on élèvera progressivement la température au degré nécessaire. Un seul travailleur peut, avec de l'habitude, mener de front l'enlèvement des papiers d'un certain nombre de monochromes ainsi que le dépouillement de ceux-ci, tandis qu'un autre opérateur, chargé de l'œuvre principale, achèvera de les révéler, en les affaiblissant jusqu'à ce qu'ils deviennent conformes aux types qu'il doit avoir sous les yeux et dont il sera ci-après question.

Sauf le cas où l'on aurait à sa disposition des jets de vapeur obtenus à peu de frais, on aura tout avantage et toute économie à se servir, pour chauffer l'eau des cuvettes, de ces petits fourneaux à pétrole ou à essence minérale répandus depuis quelque temps dans le commerce.

La cuvette (en fer blanc) est placée directement au-dessus
du fourneau, au moyen d'un cadre muni de quatre pieds, et
l'opérateur, en élevant ou abaissant la flamme à son gré,
amène constamment l'eau à la température qu'il désire. Il
n'y a de la sorte, ni avant ni pendant l'opération du dépouillement, aucune perte de temps. La seule précaution consiste
à éviter le contact du verre avec le fond de la cuvette, ce
fond recevant l'ardeur directe du foyer. Or, le contact sera
évité si, dans les instants où on laisse le verre au repos, on
le tient soulevé, par un de ses côtés, sur un large crochet
en métal, qui a pour destination de le manœuvrer, de
l'agiter, comme aussi de détruire, par des jets de liquide, les
bulles restées adhérentes à l'épreuve après le départ du
papier.

Les épreuves, une fois dépouillées, passent immédiatement
dans une cuvette d'eau froide, où s'accomplit un premier
lavage, et de là dans une cuvette d'eau alunée (alun à 2 p. 100),
où elles séjournent environ cinq minutes. On les lave de
nouveau pour les bien débarrasser de l'excès d'alun, et
comme l'alun a eu pour résultat de les durcir, on peut alors
impunément, au moyen d'un large pinceau doux qu'on y
promène très-légèrement pendant qu'elles sont dans l'eau,
enlever les poussières et les impuretés restées à la surface.

Toute cette dernière série d'opérations appartient du reste
à la photographie ordinaire au charbon.

A la condition de traiter de front un certain nombre
d'épreuves et d'avoir constamment sous la main les cuvettes
nécessaires, rangées en bon ordre, les manipulations, pour
être multiples, ne laissent pas que d'aller assez vite et d'être
fort pratiques : on le sait dans tous les ateliers spéciaux. Il
en sera de même des autres manipulations qui nous restent
à décrire, celles-ci toutes particulières à l'Héliochromie.

VI. — *Superposition des monochromes.* — Préalablement
à cette superposition et en vue de la mieux assurer , y a-t-il

utilité de cuirasser de gélatine incolore les monochromes développés sur huile cuite?

Nous avions pensé, dans les premiers temps de nos expérimentations sur ce mode particulier de tirage, pouvoir résoudre, en toute hypothèse, cette question par la négative. En effet, les divers sujets d'héliochromie que nous traitâmes tout d'abord au moyen de verres garnis de l'enduit dont il s'agit, réussirent fort bien sans le secours des cuirasses. Mais, ayant voulu aborder un sujet de paysage qui, à la différence des sujets traités en premier lieu, présentait, soit dans le ciel, soit même sur certains objets terrestres, des espaces extrêmement clairs, constitués, par conséquent, sur chacun des monochromes, par une épaisseur imperceptible de gélatine colorée, ou peut-être par l'absence complète de gélatine, nous reconnûmes que dès la première superposition, et à plus forte raison après la seconde, les monochromes superposés ne pouvaient, à la faveur de l'alcool, se séparer du verre que moyennant les précautions les plus minutieuses, et que cette difficulté venait de ce que *les deux étages ou les trois étages d'huile cuite* qui accompagnaient la double ou triple image, n'alternaient pas, sur les espaces en question, avec des pellicules appréciables de gélatine, et se trouvaient n'avoir pas à elles seules, ramollies qu'elles étaient par l'alcool, assez de consistance ni assez de liaison de l'une à l'autre, pour quitter le verre sans péril de dislocation. Elles ne devenaient solidement adhérentes entr'elles que par le fait de leur dessiccation ultérieure.

Par suite de cette constatation, nous avons dû adopter, comme règle la plus pratique, le système des cuirasses, la légère augmentation de main-d'œuvre qui en résulte étant compensée par la sûreté du travail.

On doit donc, en principe, tant que les trois monochromes sont encore sur verre, les armer d'un glacis de gélatine incolore, qui comblera notamment tous les vides, toutes les parties par trop claires de chacune des trois épreuves. Ou pourra, à volonté, établir cette cuirasse avant que les monochromes aient eu le temps de sécher, ou bien, si on le trouve plus commode et plus expéditif, les cuirasser une fois secs et par quantités, après les avoir (sans que cette opération soit indispensable) humectés d'eau froide : l'humectation accentue mieux les reliefs, et la gélatine, emplissant les creux, adoucit mieux les aspérités. Au lieu d'étendre celle-ci sur l'épreuve à la manière du collodion, chose désagréable et gênante à exécuter, il suffira de badigeonner de gélatine chaude (à 10 p. 100), au moyen d'un large pinceau plat (préalablement humecté d'eau pure, pour éviter la formation de bulles nombreuses), toute la superficie du verre porteur du monochrome, superficie qui comprend non-seulement le mono‑chrome, mais les marges, lesquelles ont déjà reçu le vernis à l'huile. On peut, à l'aide d'un verre gradué, doser la gélatine, et en verser sur le milieu de chaque épreuve, posée horizontalement, une quantité invariable, qu'on s'empressera de distribuer, par le pinceau en question, sur toute la surface à recouvrir. Les inégalités d'épaisseur, dans cette distribution, ne tirent pas du reste à conséquence.

Cette légère cuirasse dont on revêt isolément chaque monochrome, permet de se contenter, comme support définitif de l'héliochromie, d'un papier gélatiné à couche modérément épaisse (par exemple, 10 grammes de gélatine pour une surface 30×40). Il en serait autrement s'il s'agissait de faire happer coup sur coup par un même papier subjectile définitif trois monochromes non cuirassés : les creux et les reliefs de chacun d'eux n'étant alors corrigés par aucun glacis, mais venant s'ajouter aux creux et aux reliefs des deux autres, il faudrait de toute nécessité, pour avoir une image absolument exempte de *talus* et de *fossés* se traduisant parfois par un éclat métallique, faire usage d'un papier très fortement gélatiné, dans la couche duquel ce qu'on peut appeler le *sol accidenté de l'héliochromie* fût susceptible de se mouler complètement, avec toutes ses cavités et toutes ses saillies.

Au fur et à mesure de leur formation, les trois cuirasses d'une série doivent être alunées (alun à 2 p. 100), puis lavées. Le traitement par l'alun leur communique, et par suite il communique aux épreuves superposées, la fermeté dont elles auront besoin pour se séparer sûrement du verre, leur support provisoire. Il est à remarquer en outre que les couches alunées de gélatine glissent mieux que les autres contre les surfaces garnies d'huile cuite, avantage qui aura son prix lorsqu'il s'agira de superposer les épreuves et de faire coïncider, d'un monochrome à l'autre, toutes les lignes du dessin.

Les préliminaires sont maintenant terminés. Nous voici arrivés aux superpositions mêmes. Elles s'accomplissent de la manière suivante :

Le papier gélatiné incolore, qui aura été aluné comme tous les autres éléments de l'héliochromie, est adapté par l'eau froide, selon la méthode usuelle, au verre huilé porteur du monochrome jaune. Ce monochrome, n'étant pas doué de la transparence des deux autres, a par cela même sa place marquée à l'étage inférieur de l'héliochromie : c'est donc par lui que l'on commence[1].

Le papier qu'on y applique doit être taillé notablement plus grand que l'épreuve et moins grand que le verre.

On abandonne à dessiccation, soit dans l'étuve, soit à l'air libre suivant la saison, ce commencement d'héliochromie,

------

[1] Au lieu de faire cette première adaptation par l'eau, on pourrait employer le même bain d'alcool qui servira aux adaptations ultérieures ; mais dans ce cas il ne suffirait pas que le papier fût aluné, il devrait être, en outre, de même que les verres, garni d'une mince couche d'huile cuite : sans cette précaution, il ne ferait peut-être pas suffisamment prise, par un bain d'alcool, contre le premier monochrome et ne l'enlèverait pas du verre.

en ayant soin d'imbiber d'eau sucrée (eau, 100 cent. cub.; alcool, 100 cent. cub.; eau, 100 gr.) les extrêmes bords du papier, pour y maintenir une certaine humidité et empêcher par ce moyen, à tout événement, la séparation prématurée de l'image. La surface de gélatine du papier se soude à la cuirasse qui recouvre le monochrome et qui recouvre aussi le verre huilé faisant marge autour du monochrome. Une fois la dessiccation accomplie, on immerge dans une cuvette à rainures verticales et très rapprochées les unes des autres, contenant *un bain d'alcool à 65 degrés centésimaux*[1], ou environ : 1° le verre porteur du susdit monochrome jaune et du susdit papier gélatiné, comme au surplus tous les verres porteurs des autres monochromes jaunes qu'on veut superposer en même temps, et qui, dans ce but, auront été garnis, de la même manière, du papier subjectile définitif; 2° le verre porteur du monochrome bleu, c'est-à-dire tous les verres porteurs des monochromes bleus qu'il s'agit d'appliquer aux épreuves jaunes immergées dans ce même bain.

Le rôle de l'alcool, en ce qui concerne le monochrome jaune, est celui-ci : Grâce à la notable proportion d'eau qu'il contient, l'alcool pénètre non-seulement le papier, mais la gélatine, et parvient ainsi jusqu'à la couche d'huile cuite, qu'il ramollit. Au bout d'une heure et demie ou deux heures, le ramollissement sera suffisant pour qu'on puisse détacher du verre chaque monochrome jaune, la couche d'huile, en cet état, abandonnant le verre pour suivre la gélatine.

A cet effet, on retire l'un des monochromes jaunes de la cuvette; on le pose sur une surface horizontale, et, à la pointe d'un canif, on fait une incision tout le long du bord du papier, sur la cuirasse de l'épreuve : à défaut de cette incision préalable, la cuirasse serait évidemment un obstacle

------

[1] On se sert d'alcool du commerce, dont on abaisse le titre à 65° par l'addition d'une certaine quantité d'eau.

à la séparation. Cela fait, sans laisser à l'alcool le temps de s'évaporer, on saisit le papier par un angle, et, en s'aidant du canif, on soulève à la fois la couche de gélatine du papier et la cuirasse du monochrome, en bien s'assurant que le canif passe sous la cuirasse : il suffit qu'à ce point de départ, c'est-à-dire à l'angle même dont il s'agit, tous les deux aient une fois quitté le verre, ce qui ne manque jamais le canif aidant, pour qu'on soit assuré de soulever progressivement, dans toute leur étendue, ces deux sortes de tapisseries, parfaitement adhérentes entr'elles ainsi qu'au papier. Il ne surviendra aucun accident. Toute la couche d'huile suivra, et le verre, d'une façon absolue, sera laissé à nu.

Ainsi détachée de son support provisoire, cette épreuve, encore toute imprégnée d'alcool, est mise dans une cuvette horizontale contenant de ce même bain d'alcool à 65 degrés, pour être adaptée à l'épreuve bleue correspondante : celle-ci a déjà été, dans ce but, retirée de la cuvette à rainures et mise au fond de la nouvelle cuvette. On promène sur les deux surfaces qu'il s'agit de souder l'une à l'autre, un large pinceau doux, afin de les débarrasser des bulles qui pourraient y adhérer, et on procède de la manière suivante à la superposition :

On amène, dans la cuvette, le papier porteur du monochrome jaune au-dessous du verre porteur du monochrome bleu, de telle sorte que les deux images se fassent vis-à-vis. On les retire du liquide, appliquées l'une contre l'autre selon la méthode habituelle. Pour produire la coïncidence des lignes des objets représentés tant par l'un que par l'autre monochrome, on fait glisser le jaune sur le bleu jusqu'à ce que la coïncidence soit devenue parfaite, opération facile pour qui a soin de les regarder à travers le jour en interposant l'épaisseur du verre entre soi et la double image dont ce verre est le support. C'est pour favoriser ce tour de main que le papier gélatiné aura dû être, suivant l'une de nos précédentes recommandations, taillé notablement moins

7

grand que le verre. L'alcool communique au papier, tant que celui-ci en est imprégné, une belle transparence, exempte de grain, ce qui permet d'apprécier dans leurs moindres délicatesses les contours qu'il s'agit de superposer.

Bien que transféré sur papier, c'est-à-dire sur un subjectile non rigide, le monochrome jaune conserve avec une rigueur à peu près mathématique les dimensions que l'alcool lui avait garanties une première fois lors de son adaptation au verre, dimensions qui sont également celles de l'épreuve bleue, non détachée encore de ce premier support. En d'autres termes, non-seulement l'épreuve jaune et la bleue, grâce à l'adaptation par l'alcool des deux papiers mixtionnés qui les ont fournies, ont conservé des dimensions identiques; mais en outre, par un surcroît de circonstances favorables, il arrive que *le papier gélatiné incolore*, originairement appliqué par l'eau froide au monochrome jaune et qui s'était fortement dilaté par cette opération, n'éprouve pas, lorsqu'ensuite il abandonne le verre dans l'alcool, emportant avec lui le monochrome jaune, de mouvement appréciable de retrait qui lui fasse reprendre en tout ou en partie ses dimensions primitives : il garde, à la faveur de l'alcool dont il reste imbibé jusqu'à la superposition du jaune au bleu inclusivement, les dimensions qu'il avait prises lors de son adaptation à l'épreuve jaune. Rien donc, en ce qui concerne les grandeurs des images, ne fera obstacle à la coïncidence qu'il s'agit d'établir.

Comme le glissement des deux épreuves n'est possible que grâce à la couche d'alcool un moment emprisonnée entre elles, il importe de pouvoir prolonger ce précieux moment et de lui donner toute la durée dont l'opérateur a besoin pour cette partie essentielle de son travail. Or, le moyen consiste à faire venir le jour d'en bas par un miroir incliné à 45°, et à maintenir, dans une position horizontale, au-dessus de ce miroir, les deux épreuves transparentes dont on règle les coïncidences. L'horizontalité retient la nappe d'alcool.

Quand on se croit sûr ou à peu sûr du résultat, on peut impunément, resterait-il encore quelques légers changements
à faire pour la mise au point, redresser le verre porteur de la
double image. Quelques instants s'écouleront encore pendant
lesquels le glissement sera aisé ; après quoi, la résistance
des surfaces, bien que toujours humides, ira s'aggravant
d'une façon rapide. En ce nouvel état, le *glissement
général*, et surtout le glissement spontané, devient impossible ; mais, tant que l'humidité alcoolique est encore bien
apparente, de légers déplacements partiels du monochrome
sur papier peuvent avoir lieu, soit par un retrait naturel,
soit par suite d'une *dilatation, résultat d'une traction volontairement exercée par l'opérateur*. De là l'emploi, que
nous avons adopté et que nous conseillons vivement, des
épingles américaines pour maintenir, une fois les coïncidences bien établies, le résultat complet de la superposition.
Quelques-uns de ces précieux auxiliaires, de distance en
distance, pressant contre le verre les marges du monochrome
sur papier, remplissent merveilleusement le but : sous leur
pression rien ne bouge et les deux surfaces se soudent l'une
à l'autre sans demander la moindre surveillance. On abandonne à complète dessiccation cette double image, en ayant
soin d'imbiber d'eau sucrée, comme la première fois, les extrêmes bords du papier.

Nous venons de parler d'une dilatation locale, résultat
d'une traction volontairement exercée par l'opérateur sur le
papier, encore imprégné d'une forte quantité d'alcool. En
effet, si pour une cause quelconque certaines coïncidences
partielles, d'un côté ou de l'autre du tableau, refusaient de
s'établir avec toute la perfection voulue alors que l'ensemble
coïncide, il est facultatif à l'opérateur d'y porter remède en
utilisant adroitement la *légère* élasticité dont est doué le
monochrome sur papier. En pareil cas, il faut d'abord, par
deux ou plusieurs épingles américaines, pincer les marges
contre verre sur le côté ou sur les côtés de la double image

dont les coïncidences sont irréprochables, et alors, ayant bien la certitude que ces parties de l'image ne peuvent plus bouger, régler, à la faveur de l'élasticité en question, les coïncidences dans la région où elles étaient compromises, et finalement armer aussi d'épingles américaines le côté de l'image qui correspond à cette région.

Ce que nous venons de dire du premier monochrome jaune et du premier monochrome bleu s'applique à toutes les épreuves de l'une et de l'autre couleur qui attendent dans la cuvette d'alcool (cuvette à rainures) leur tour d'être montées. On les en retire à tour de rôle, c'est-à-dire un jaune d'abord qu'on sépare du verre, puis un bleu qu'on unit au jaune, et on abandonne à dessiccation chacun de ces couples.

Pour séparer du verre chacune des doubles images en question ou images vertes, et pour souder chacune d'elles à son monochrome rouge, qui est encore sur verre, on s'y prend exactement de la même manière que pour séparer du verre l'image jaune et pour l'unir à l'image bleue. On fera usage du même alcool, des mêmes cuvettes, des mêmes tours de main, y compris l'emploi des pinces américaines. Une immersion finale, toujours dans de l'alcool à 65°, procurera le détachement de la triple image ou héliochromie d'avec le dernier verre, moyennant une incision préalable faite, comme précédemment, à la pointe d'un canif, tout le long du bord du papier, et à la condition de bien saisir par un angle, une fois pour toutes, comme les feuillets d'un livre, les monochromes et les cuirasses pelliculaires et aussi le papier dont cette image se compose.

VII. — De tous les moyens de *mise à effet* d'une héliochromie constituée par de la gélatine, le plus généralement apprécié parmi ceux que nous avons expérimentés, consiste à l'encadrer comme un tableau à l'huile, c'est-à-dire sans marge ou intervalle d'une nature quelconque, entre l'épreuve en couleur et le cadre ou la baguette dorée dont on l'entoure. Œuvre sérieuse et durable, et aussi, il faut le dire, œuvre aristocratique, elle doit être traitée en conséquence. C'est sur panneau qu'elle sera appliquée par un solide collage[1], mieux encore sur *panneau revêtu d'un bristol.*

Il ne reste plus qu'à vernir, si l'on veut, l'héliochromie, déjà protégée, qu'on le remarque bien, par la pellicule extérieure d'huile cuite qui a suivi le monochrome rouge. On peut faire usage du vernis à tableaux, dilué de benzine et filtré. Ce vernis convient d'autant plus qu'il s'agit, en somme, d'une sorte de peinture à l'huile. Au lieu de l'étendre au pinceau, il sera plus commode de le verser sur l'épreuve à la manière du collodïon, après en avoir gommé ou gélatiné la mince bordure en bristol pour empêcher le vernis de voyager en dessous de l'image et dans l'intérieur du bristol, qui lui sert de support. Mieux vaut laisser la couche de vernis sécher à l'air libre que de recourir à la lampe à alcool ou aux ardeurs d'un brasier.

VIII. — *Similitude des épreuves entre elles ; types de chaque sujet.* — On sait que dans la photographie ordinaire au charbon, l'opérateur, suivant qu'il prolonge plus ou moins l'action de l'eau chaude, a pleinement la faculté d'amener les épreuves, par un affaiblissement progressif, au degré d'intensité qui lui convient, et que, moyennant la création d'une épreuve-type placée devant lui, il peut, à l'infini, fournir un tirage conforme à ce modèle. Ce qui est vrai d'un type unique, ne cesse pas de l'être parce qu'il s'agira des

---

[1] Vingt minutes ou une demi-heure avant de coller l'héliochromie (préalablement découpée), il est nécessaire d'en bien humecter le verso à l'aide d'une éponge. L'eau traverse le papier et va ramollir la gélatine : de la sorte, l'image s'aplanit sans résistance sur le bristol appliqué lui-même sur le bois, et le collage réussit en chaque point. La colle forte liquide est bonne pour cette opération. On exerce quelques instants des pesées et des frictions à la main, après avoir interposé une feuille de papier.

trois types d'un sujet héliochromique. La similitude, relativement à chacun d'eux et, par conséquent, la similitude, relativement au résultat de leur superposition, sera acquise à toutes les épreuves, soit simples, soit multiples et superposées, qu'un praticien exercé exécutera d'après ces premiers modèles. Quant à la création même des trois types, la difficulté n'est pas grave, parce qu'ils sont peu nombreux et que, sans être un peintre émérite, on reconnaît du premier coup d'œil, une fois montée l'héliochromie d'essai, la trop forte intensité de l'épreuve bleue, par exemple, comparée à la jaune et à la rouge : le remède à cette exagération du bleu consistera soit à refaire une épreuve-type bleue moins intense que la première, soit simplement à se contenter du type défectueux qu'on a créé, mais en donnant moins d'intensité aux copies qu'à l'original sur lequel on se guide.

Nous recommanderons aux opérateurs de *mouiller les types* au moment où se fera la comparaison, c'est-à-dire pendant la révélation des épreuves, les épreuves sèches et les épreuves humides (surtout les jaunes) n'ayant pas la même valeur.

IX. – *De la retouche.* — Aussi bien que dans la photographie noire, on a, en héliochromie, pour corriger les accidents et les défectuosités, la ressource des retouches. Ces retouches, suivant les cas, peuvent se faire sur les clichés ou sur les épreuves en couleur. Si nous n'avons pas signalé ce détail en traitant des clichés, c'est que le remède en question va de soi et que la pratique en est connue de tous les photographes. Quant aux retouches sur les héliochromies elles-mêmes, on peut y employer les couleurs d'aquarelle, ou, mieux encore, les couleurs, remarquablement transparentes, qui se préparent à l'albumine. Ainsi, par exemple, sur un point de l'image polychrome, le *bleu* vient-il à manquer, soit à cause d'une tache opaque sur le cliché de la lumière orangée, soit par l'effet d'une bulle dans le papier mixtionné bleu, on fera au pinceau un glacis de bleu transparent à l'endroit dont il s'agit, lequel forme une tache *orangée*, si les trois couleurs devaient s'y trouver ; *jaune*, s'il y fallait le jaune et le bleu ; *rouge*, s'il y fallait le rouge et le bleu ; *blanche*, s'il y fallait le bleu seul. A la condition de n'occuper que de faibles espaces, ces retouches sont, en général, assez faciles.

Cette possibilité de réparer artificiellement les imperfections accidentelles du tableau peint par la lumière, diminue, dans une forte mesure, les déchets de fabrication et donne, par conséquent, au système une notable plus-value industrielle. La plus-value est d'autant plus certaine que les retouches dont il s'agit ne peuvent être pratiquées avec succès que pour supprimer, comme il vient d'être dit, de menues détériorations, de simples irrégularités de détail dans une œuvre dont la production mécanique a pu, en effet, sur certains points, laisser à désirer. Quant à vouloir user de ce travail au pinceau pour corriger, par places de quelque étendue, les teintes d'une héliochromie mal équilibrée en y substituant des colorations arbitraires, c'est recourir à une tricherie dont personne, fort heureusement pour le système, ne sera dupe, tant ce remaniement postiche s'éloigne du *faire* de la nature, et tant il se détache d'une façon choquante sur l'œuvre originale, même manquée.

X. — *Diaphanies et vitraux héliochromiques.* — Au lieu d'héliochromies destinées à être vues par réflexion, on peut, à volonté, créer des héliochromies transparentes et formant vitraux. Les opérations sont mécaniquement semblables à celles que nous avons décrites, sauf en ce qui concerne le *papier gélatiné incolore,* dont le rôle n'est plus le même, puisque, de support définitif, il devient support provisoire ; en conséquence, il ne doit pas être traité par l'alun, ayant pour destination de s'éliminer à l'eau chaude après que la triple image aura été adaptée, soit par l'eau froide, soit par l'alcool, au verre où elle doit rester.

Pour assurer la solide adhérence de l'épreuve contre le verre dans le bain d'eau chaude où doit se dissoudre la gélatine du papier, il est utile de recouvrir préalablement le verre d'une couche d'albumine, que l'on coagule après dessiccation en y promenant, pendant deux ou trois minutes, de l'alcool à un degré élevé.

Une précaution qu'il ne faut pas oublier, consiste à ne pas traiter immédiatement par l'eau chaude l'héliocromie, une fois plaquée et séchée contre verre, dont on veut éliminer le papier gélatiné. On doit d'abord la laisser tremper une demi-heure ou une heure environ dans l'eau froide, qui gonfle la gélatine, de telle sorte qu'une eau très-modérément chaude enlève à l'instant le papier.

Il va sans dire que les monochromes constitutifs d'une héliochromie *transparente* doivent être plus intenses, c'est-à-dire plus posés ou moins affaiblis par l'eau chaude que les monochromes d'une héliochromie *réflexe*, si du moins on veut obtenir *un effet égal*.

Pendant que ce livre était sous presse, la science photographique s'est enrichie de plusieurs méthodes de négatifs d'où résultent, d'une part, d'importantes accélérations, d'autre part, des garanties remarquables de régalarité dans le développement des épreuves. Nous voulons parler : 1° des émulsions aux gélatines (procédé à la gélatine bromurée de M. Kennett) ; 2° des nouveaux et puissants moyens de développement donnés par M. Carey-Lea, surtout du développement à l'oxalate de fer dissous dans l'oxalate neutre de potasse ; 3° du développement alcalin au glucoside d'ammonium (M. Ernest Boivin). Rien ne nous autorise à craindre une incompatibilité entre l'éosine et les différentes formules indiquées. — La durée de pose, pour nos clichés héliochromiques, va donc pouvoir encore, selon toutes les probabilités, se réduire notablement ; et, s'il en est ainsi, le portrait d'après nature, *déjà possible*, deviendra facile et usuel.

TABLE DES MATIÈRES

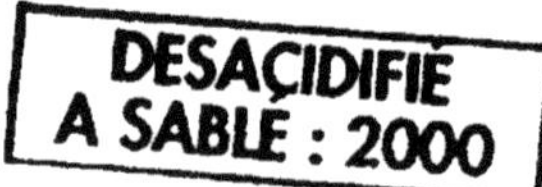

DÉSACIDIFIÉ
A SABLE : 2000